300年老店的长青之道

Nakagawa Masashichi Shoten's Marketing Model

日本中川政七商店的
营销模式

李飞
营销系列

李飞·著

机械工业出版社
China Machine Press

图书在版编目（CIP）数据

300 年老店的长青之道：日本中川政七商店的营销模式 / 李飞著 . -- 北京：机械工业出版社，2021.7（2022.4 重印）

（李飞营销系列）

ISBN 978-7-111-68687-3

I. ① 3… II. ①李… III. ①零售企业 – 营销模式 – 研究 – 日本 IV. ① F733.131.7

中国版本图书馆 CIP 数据核字（2021）第 137466 号

  中川政七商店自 1716 年诞生以来，至今已经营了 300 多年。在全球诸多老字号企业面临困境的今天，这一案例着实令人着迷，非常值得系统性研究。近年来，其热度逐渐升温，已成为各地游客前往日本的网红打卡地。

  本书按照逻辑营销管理的框架，对中川政七商店经营发展的三个阶段进行了具体描述和分析，总结、创建了三类营销模式框架，并对这些框架的普适性进行了讨论。这些研究成果对营销模式类型及形成机理等方面的理论文献有一定的补充，同时对中国老字号企业的长寿发展、助力它们打造基业长青的品牌和公司，具有重要意义。

300 年老店的长青之道：日本中川政七商店的营销模式

出版发行：机械工业出版社（北京市西城区百万庄大街 22 号 邮政编码：100037）	
责任编辑：秦 诗	责任校对：殷 虹
印 刷：固安县铭成印刷有限公司	版 次：2022 年 4 月第 1 版第 2 次印刷
开 本：170mm×230mm 1/16	印 张：11.25
书 号：ISBN 978-7-111-68687-3	定 价：69.00 元

客服电话：（010）88361066 88379833 68326294 投稿热线：（010）88379007

华章网站：www.hzbook.com 读者信箱：hzjg@hzbook.com

版权所有·侵权必究

封底无防伪标均为盗版

序

多年以来，作为一名中国营销和零售学者，我一直关注中国老字号的复兴，看着诸多老祖宗留下来的文化、产品、公司等逐渐衰落或消失，非常着急和痛心，但是也没有找到太好的解决办法。我偏好通过案例进行营销理论构建的研究。我想，通过案例研究，寻求中国老字号的复兴之路，或许是一个可以尝试的好办法。

每一个淘宝人，都体会过淘得宝物的欣喜和快乐。闲暇时间我喜欢寻觅石头，自然也多次体会到发现雅石的欣喜和快乐。同理，对一个案例研究学者来说，发现一个非常有趣的案例，也会有如此感受，就像航海者在航行中发现的灯塔，它持续引导着航海者心无旁骛地前行。

通过案例研究探索老字号的复兴之路，我深深感受到：发现好的案例，比研究本身还困难。我幸运地发现了日本中川政七商店。它对于我来说，就是"一块会说话的石头"、一个非常稀有的"物种"，具有独特的研究价值，是非常难得的研究对象。我在2019年偶然发现了它，并于2020年9月至12月，集中约3个月的时间对它进行研究，没有感到痛苦和乏味，反而兴趣盎然，好像经历了一次中川政七商店的学习体验之旅。我主要从逻辑营销管理的视角，探寻300年老店是如何长寿的，是如何从长寿到长青的，又是如何通过自我完善和努力，为"振兴传统工艺"的使命做出贡献的。

我将中川政七商店的发展分为三个阶段：长寿的发展阶段（1716～2001年，285年）、转型的发展阶段（2002～2009年，7年）和长青的发展阶段（2010年至未来，至2020年已有10年）。随后，按照逻辑营销管理的框架，我对这三个阶段进行具体的描述和分析，取得了以下成果：①创建了长寿营销模式框架；②创建了长青营销模式框架；③创建了长青营销模式的复制框架。同时，对这些框架的普适性进行了讨论。

这些研究成果，对营销模式类型及形成机理等方面的理论文献有一定的补充，同时对中国老字号的长寿发展，由长寿轨道转入长青轨道，以及打造基业长青的品牌或公司，具有非常重要的借鉴意义。

本书获得清华大学文化经济研究院和清华大学经济管理学院中国零售研究中心的资助，在此表示感谢。

目 录

序

第 1 章　引言　/ 1

　　现实的困境　/ 1
　　老字号长青的营销模式　/ 4
　　中川政七商店长青营销模式的三个发展阶段　/ 5

第 2 章　第一阶段：中川政七商店长寿营销模式的形成
　　　　（1716～2001 年）　/ 13

　　批发店铺阶段（1716～1897 年）　/ 13
　　产品制造阶段（1898～1984 年）　/ 18
　　单一品牌阶段（1985～2001 年）　/ 20
　　中川政七商店长寿的原因　/ 25
　　中川政七商店长寿的营销模式　/ 30
　　中川政七商店长寿营销模式形成阶段大事记
　　　（1716～2001 年）　/ 33

第 3 章　第二阶段：中川政七商店长青营销模式的创建
　　　　（2002～2009 年） / 35

　　"游中川"零售专柜阶段：探索长青的营销模式
　　　　（2002～2003 年） / 35
　　"粹更"产品品牌阶段：磨合长青营销模式
　　　　（2003～2006 年） / 38
　　调整关键流程和资源阶段：建立品牌支撑系统
　　　　（2006～2007 年） / 41
　　"游中川"零售店阶段：完善长青的营销模式
　　　　（2008～2009 年） / 44
　　中川政七商店跨进长青之门的原因 / 47
　　中川政七商店跨进长青之门的营销模式 / 61
　　中川政七商店长青营销模式创建阶段大事记
　　　　（2002～2009 年） / 70

第 4 章　第三阶段：中川政七商店长青营销模式的复制
　　　　（2010～2020 年） / 73

　　综合品牌复制（1）：创建"中川政七商店"品牌
　　　　（2010～2020 年） / 74
　　综合品牌复制（2）：创建"日本市"和"仲间见世"品牌
　　　　（2013～2020 年） / 80
　　产品品牌复制（1）："2&9""motta""花园树斋"等
　　联合品牌的创建（2011～2020 年） / 89
　　产品品牌复制（2）：为非竞争同行提供品牌发展咨询服务
　　　　（2009～2020 年） / 94
　　展销会品牌复制：创建"大日本市"品牌
　　　　（2011～2020 年） / 108

茶品牌复制：创建"茶论"品牌（2009～2020年）/ 113
中川政七商店成功进行品牌复制的原因 / 118
中川政七商店成功进行品牌复制的模式 / 121
中川政七商店长青营销模式复制阶段大事记
（2010～2020年）/ 147

第5章 结论 / 151

中川政七商店长寿的营销模式及形成机理 / 151
中川政七商店长青的营销模式及形成机理 / 156
中川政七商店长青营销模式的复制逻辑 / 161

后　记 / 169

第1章

引　言

老字号是一个国家历史积淀的宝贵物质和文化遗产，也是民族工匠精神和优秀传统文化的重要标志。随着机器化和信息化生产的快速发展，基于传统工艺经营的老字号的生存和发展，在全世界都面临着巨大挑战，各国政府大多采取相应的扶持政策，企业也在不断地进行探索和创新。但是，老字号衰退的趋势并没有停止，其生存和发展前景依然令人担忧。我们需要进一步探索老字号的长寿和健康之道。

现实的困境

虽然中国政府出台了一系列保护和扶持中华老字号的政策，但是仍然没有完全遏制老字号消失和衰落的趋势。

中国政府对老字号的发展有一个逐渐认识的过程。新中国成立之初，全国大约有 16 000 家（也有 8000 家的说法）老字号店铺，受当时各种因素影响，其数量迅速减少。1978 年改革开放之后，状况有所改观，但是仍然无法遏制老字号店铺减少的势头。1990 年，商业部评定的老字号已经减少到 1600 余家。进入 21 世纪之后，政府明显加大了对老字号的政策扶持力度。

2006 年 5 月，商务部开始实施"振兴老字号工程"，发布了《"中华老字号"认定规范（试行）》。该规范为"中华老字号"下的定义是："历史悠久，拥有世代传承的产品、技艺或服务，具有鲜明的中华民族传统文化背景和深厚的文化底蕴，取得社会广泛认同，形成良好信誉的品牌。"同年，商务部认定首批 430 家企业（品牌）为"中华老字号"。

2011 年 3 月，商务部印发了《商务部关于进一步做好中华老字号保护与促进工作的通知》，确定了第二批中华老字号，共有 698 家企业（品牌），两批共计认定 1128 家中华老字号企业（品牌），涉及餐饮业、纺织制造业等 22 个行业。

2017 年，中共中央办公厅、国务院办公厅提出实施"中华老字号保护发展工程"。同年，商务部等 16 部门联合印发《关于促进老字号改革创新发展的指导意见》，提出支持老字号线上线下融合发展，深化老字号企业产权改革，推动老字号积极对接资本市场等八项具体任务。

2018年，商务部就《中华老字号认定管理办法（征求意见稿）》公开征求意见，拟建立中华老字号动态管理机制。

老字号的生存和发展仍然面临着巨大挑战。有关研究认为，商务部认定的中华老字号为1128家，但是达到认定标准而没有被认定的大约还有3000家，因此中国目前现存的老字号在5000家左右。这些老字号大多有将近百年或超过百年的历史，在今天信息化、全球化、全渠道的背景下，不同程度地面临着巨大挑战，有些企业或品牌的生存问题至今没有得到解决。

2008年的一项研究表明，原商业部认定的1600余家老字号中，勉强维持现状的约占70%；长期亏损、面临破产的约占20%；有品牌、有规模且效益好的仅占10%。

2015年，也就是在商务部推出"振兴老字号工程"约10年后，我们通过对中华老字号1128个品牌或企业的研究，发现这些老字号的发展仍然令人担忧。中华老字号品牌有着不同于一般品牌的生命周期，其生命周期包括成长期、成熟期、衰退期和休眠期四个阶段，每一个老字号品牌分别处于这四个阶段中的一个阶段。在商务部认定的1000多家老字号中，处于成长期的占10%左右，处于成熟期的占30%左右，处于衰退期的占50%左右，处于休眠期的占10%左右。

2020年,也就是在国务院推出一系列扶持老字号的政策之后,《瞭望》周刊在该年6月的一项调查结果显示,千余家中华老字号中只有10%的企业生产经营有一定规模、效益好、健康运营,将近70%的企业因观念陈旧、机制僵化、创新不足、传承无力等原因面临发展困境,还有约20%的企业长期亏损濒临破产。

老字号长青的营销模式

尽管商务部"振兴老字号工程"已实施了15年,政府出台了一系列扶持政策,支持力度不断加大,但是老字号复兴的成效远远不能令人满意。可见,仅靠政府的扶持政策,没有老字号企业本身的管理创新、与时俱进,是无法从根本上解决问题的。

中华老字号企业面临的困境,不能仅仅归结为体制机制落后、法律保护缺失、金融扶持不够、消费者偏爱进口货等外部原因,因为在同样的环境下,仍然有一些老字号企业健康地生存并发展着。那些面临困境的老字号企业,需要变等待为行动,变依赖外部支持为自己强大,提高企业和品牌的竞争力,自己掌握未来的命运。

老字号企业或品牌如何提升自身的竞争力呢?就是从企业关键功能入手,改善并提高企业运营效率。什么是企业的关键功能呢?德鲁克在1954年出版的《管理的实践》一书中指出,企业的目的是创造顾客,任何企业都有两个基本功能,而且也只有这两个基本功能:营销和创新。这意味着,在本质上,企业的基本职能就是营销管理的创新，体现为营销模式的创新。

营销模式是指企业为了实现确定的营销目标，在顾客层面构建的与目标顾客和定位点相匹配的营销组合模式，根据营销组合模式构建的业务流程模式，以及根据业务流程模式形成的企业资源模式。营销模式的核心是营销定位点的选择和实现，即给顾客一个选择、购买和偏爱的理由，并让他们感知到这个理由真实存在。⊖

老字号面临的核心问题就是生存和发展，生存即为长寿，发展意为长青或健康。因此"寿而康"的营销模式是老字号摆脱困境的根本性方法和路径。"寿而康"的营销模式，就是指老字号企业实现长青的营销模式。

如何建立和发展"寿而康"的营销模式呢？理论的讨论，远远不及案例的描述有说服力。营销管理的创新案例多如牛毛，老字号案例研究的文献也不在少数，但是系统地、逻辑化地探索老字号营销管理规律的文献非常稀少。

因此，我们尝试着选择一些世界经典的老字号店铺，基于逻辑营销管理的框架，对其进行案例研究，探索出老字号长寿并健康发展的规律，为中华老字号的复兴贡献绵薄之力。

中川政七商店长青营销模式的三个发展阶段

当决定选择"寿而康"的老字号企业进行案例研究时，我们

⊖ 李飞. 全渠道零售设计 [M]. 北京：经济科学出版社，2019：121.

将目光聚焦在了日本的公司。因为日本长寿公司较多，其中不乏长青的公司或品牌，如寺庙建筑公司金刚组（578年成立）、法师旅馆（718年创建）等都有1000多年的历史了，拥有三五百年历史的老字号就更多了。考虑到资料的可获得性、丰富性，以及典型性和个人兴趣，我们选择中川政七商店进行研究，它的业务涉及制造业、批发业、零售业、展览业等多种业态，同时具有"寿而康"的特征。

1. 中川政七商店属于"寿而康"公司

中川政七商店属于"寿而康"公司，这意味着它既是一家长寿的公司，也完成了从长寿向长青的进阶。

1）何为长寿？长寿泛指活的时间长。在中国传统文化中，有"人生七十古来稀"之说，今天已进入"人生百岁古来稀"的时代了。这种界定也适合品牌和企业，人们通常将拥有超过百年历史的品牌或企业称为老字号，称为长寿品牌或企业。因此，一些公司创始人声称要打造"百年老店"。其实，活过百年的企业并不罕见，但活过三五百年的企业就比较稀少了，活过千八百年的更是凤毛麟角。日本兵库县姬路市的明珍本铺，以制作铠甲起家，后来生产火筷、风铃、花瓶等产品，已经有八百多年的历史（创业于1141年），经历了52代传承人。更为长寿的企业是日本金刚组，578年创建于大阪，已有1440多年的历史。其初创时为修建寺庙提供木工服务，后来演变为建筑公司，1955年时实施公司制，2006年被高松建设公司收购，但是金刚组品牌仍然保留，回归了寺庙修缮业务。

老话说，好死不如赖活着。这句话同样可以解释老字号拥有者的无奈，这些老字号大多活得并不痛快和轻松，经历过无数次的九死一生，但是活下来就可以给老祖宗一个交代，没有"败家"在自己手里。无疑，中川政七商店属于长寿企业，在前285年的历史长河中，以维持生存为主要目标。

2）何为长青？长青，也被理解为常青，例如松柏常青，意指永远或经常充满生机和活力。永远是指持续时间长，生机和活力是指健康。吉姆·柯林斯和杰里·波勒斯曾经写过一本名为《基业长青》的书，样本企业都是有内在品质的公司，从事的是值得长青的基业，自然也被理解为是长期充满生机和活力的公司，一旦消亡，会让这个世界感觉若有所失。

老字号也是如此，长寿是底线，长青是理想，长青的标志是健康成长。如前所述，老字号经历成长期、成熟期、衰退期和休眠期，长青的含义是一直处于销售额和利润额的成长期，或是经历过成熟期、衰退期、短暂休眠期之后，又进入一定时间段的成长期。近些年社会上有一句流行语：高职不如高薪，高薪不如高寿，高寿不如高兴。可见，最为理想的生存状态是高兴且高寿地活着。一个人，一个品牌，一家企业，都不例外。

3）中川政七商店完成了从长寿到长青的跨越。它在300多年的历史中，经历过成长期、成熟期、短暂的休眠期，进入了衰退期，而后又回归到成长期，因此我们视其完成了从长寿到长青的跨越。

第一个是客观证据。中川政七商店曾经是古都奈良的一个小作坊，经历衰落和停业的窘境，但是进入21世纪之后焕然一新，经营规模明显增加，盈利能力不断增强。2002年的营业额约为12亿日元（约合7300万元人民币），在其300周年的2016财年销售额达到了46.8亿日元（约合2.86亿元人民币），2020财年销售额超过62亿日元（约合4亿元人民币）。店铺数量上，从单一品牌"游中川"的几家店铺，达到2007年的15家，2011年发展到多品牌的店铺29家，到2016年各种类型店铺已经达到50家，2020年已经有了60多家店铺。

第二个是主观证据。中川政七第十三代继承人中川淳认为，中川政七商店在2002年之前一直处于维持阶段，由于采取了品牌战略，才走上了复兴的轨道，取得了可以复制到其他老字号企业的成功经验。中川淳为日本多家老字号工艺公司提供咨询服务，使它们摆脱了困境。由此，中川淳表示有信心将中川政七商店的销售额从50亿日元提升至100亿日元，并向700亿日元的目标迈进。

第三个是专家证据。诸多专家和媒体认为中川政七商店已经成功复兴，并且会持续一段较长的时间，因为中川政七商店已经制定了中长期经营发展规划，取得了明显的阶段性成效，被视为行业发展的标杆。《中川政七商店的品牌打造术》的出版商评论道，在短短的几年时间里，这家几乎沉寂的小企业进入了东京精致消费区，在面对强大竞争对手时表现得优雅从容，创意、事业都进入了生机勃勃的状态。《工艺制胜：三百年老店的绝地反弹之道》的出版商评论道，在短短的十几年时间里，中川政七商店就完成了华丽转身，成功地绝地反弹，从一家小小的奈良杂货铺一跃成为日本驰名的老字号。日本著名品牌设计专家水野学在《从卖到大卖》一书中说，中川淳和中川政七商店的作风，是今后经营者与企业的一种理想状态。诸多专家公认的是，中川政七商店曾经惨淡经营、濒临倒闭，现在成为日本老字号复兴的典范，从古都奈良的陈旧小作坊，发展成为东京时尚商场的标配。

2. 中川政七商店的三个发展阶段

通过阅读中川政七商店的历史文献，我们发现其长青（"寿而康"）营销模式的建立和发展，大体经历了长寿、转型、长青（或健康发展）三个阶段（见表1-1）。第一阶段的核心是形成一个长寿的营销模式，保证企业永续存在；在长寿营销模式的基础上，进行变革和调整，实施品牌战略，并创建了长青（"寿而康"）的营销模式；最后将这个模式在多个业务和品牌领域进行复制。

表 1-1 中川政七商店长青（"寿而康"）营销模式的三个发展阶段

阶段	时间	营销模式特征	主要涉及的行业领域
1. 长寿	1716～2001年	形成了长寿的营销模式	奈良晒及其制品的批发和制造
2. 转型	2002～2009年	创建了长青的营销模式	大规模向零售领域延伸
3. 长青	2010年至未来	在多领域复制长青营销模式	制造、批发、零售、展览、咨询、商业综合体、工艺体验园

第一，长寿阶段，285年的时间（1716~2001年）。这一阶段中川政七商店主要是维持生存，经历了成长、成熟、衰退，其中也有短暂的休眠。主要从事奈良晒及其制品的批发和制造业务，公司名称为中川政七商店，没有品牌战略，1985年才创立了公司的第一个品牌"游中川"。这一阶段形成了长寿的营销模式。资源层面停留在作坊式生产和经营阶段，没有形成规范的公司组织，组织使命为永续经营。

第二，转型阶段，7年的时间（2002~2009年）。这一阶段中川政七商店主要是变革，从衰退期开始复兴，向新的成长期过渡。这个阶段的业务从麻织品的制造、批发延伸到零售，同时为合作伙伴提供品牌咨询服务。启动了品牌发展战略，并进行了一系列的品牌形象设计。创建了多元品牌，分为综合品牌（游中川）、产品品牌（粹更）和伙伴企业品牌。这一阶段形成了长青的营销模式。资源层面实施了公司化管理，有了明确的使命和目标，即振兴日本传统工艺。

第三，长青阶段及以后较长时间（2010年至未来）。这一阶段中川政七商店主要是健康发展，持续停留在成长期。主要从事批发和零售业，涉及已有品牌的扩展和新品牌的创建。品牌种类大大增加，分为店铺品牌（日本市、大日本市、中川政七商店），产品品牌（2&9袜子、motta手帕、kuru纺织品、花园树斋园艺产品等），伙伴企业品牌和复合品牌（将要发展的SUNCHI工艺体验园）。这一阶段主要是对长青营销模式的反复复制。同时，组织的一切经营管理活动，都围绕着使命"振兴日本传统工艺"组织和实施。

本书将按照中川政七商店的三个发展阶段进行梳理和分析，最终归纳出传统老字号企业长寿，以及从长寿到长青的营销规律。

第 2 章

第一阶段：中川政七商店长寿营销模式的形成（1716～2001 年）

中川政七商店创立于 1716 年，至 2001 年共经历了 285 年的历史。在 285 年的发展历史中，中川政七商店大体经历了从批发店铺延伸至产品制造，从产品制造发展至单一品牌两个转变，可以将其简化为：批发店铺阶段、产品制造阶段、单一品牌阶段。这 285 年是中川政七商店努力生存或者说是努力活下来的阶段，对其历史进行考察和分析，我们能够发现三百年老店的长寿之路，即中川政七商店的长寿营销模式。

批发店铺阶段（1716～1897 年）

1716 年，中川政七商店的第一代经营者中屋喜兵卫（Kihei

Nakaya）在奈良创办了中川家族的第一家商店（那时还不叫中川政七商店），专门批发奈良晒等手工麻织布。

奈良晒是产于奈良的漂白织品。712年完成的日本史书《古事记》将其描述为一种将原料为麻的手织布晒成雪白色的工艺品。通过三大工序和众多繁复的小工序，将粗糙的麻布变成容易染色、触感柔软、质地强韧的高端织物。一件手工制作的优质奈良晒产品，平均需要耗时一个月。

奈良晒有如下特征：材料为麻，工艺为手工纺织、河川水洗和天然日晒，外观颜色为白，好处是容易染色，吸汗不沾身，可反复清洗使用，适合制作成多种用途的物品。图2-1为奈良晒的手工织制过程。

图2-1　奈良晒的手工织制过程

由于有诸多优点，在镰仓时代（1185～1333年），奈良晒被用来制作僧侣的衣袍。到了天正时代（1573～1591年），漂白方法得到改良。日本茶道鼻祖千利休（1522—1591）曾经称赞以奈良晒为材料制作的茶巾是最好的。在17世纪前半叶，奈良晒被德川幕府授以"南都改"的朱印，指定为御用品，用其制作相关的用品，如浴衣、茶巾等。这使奈良晒制造行业发展起来，在17世纪后半叶至18世纪前半叶每年产量可达40万匹。

当时，有公家、武家（武士）和僧侣等职位。武士在战时是军人，在和平时期是行政管理者，相当于西方的封建领主和骑士，被要求学习文化，懂得欣赏艺术，熟悉茶道、棋道等。当时的僧侣不是真正的僧侣，是可以佩刀的管理者。因此武士和僧侣衣着讲究，根据官位级别和场合穿着不同的服饰，大多以奈良晒为原料。同时，医师、茶人、绘师、儒者等，也都是僧人的打扮，穿僧衣，加之德川幕府的御用，这一切使奈良晒的发展达到了高峰。

在这样的大背景下，中屋喜兵卫在1716年创建店铺并开始了奈良晒的经营业务，没有店铺名称，店铺招牌仅仅表明销售奈良晒布料，不从事零售业务，也不从事奈良晒的生产，仅仅从事奈良晒布料的批发业务，可以视其为批发商店。当武士们需要制作长袍时，他们会派遣特使到这家小店购买成卷的布料，奈良晒的零售店铺也会到这里来采购进货。文政二年（1819年），该店开始为越后屋吴服店（1673年成立）提供奈良晒产品，越后屋吴服店后来演化为日本第一家百货公司——三越百货公司。那是中川家族店铺最为风光的时代。

在江户时代（1603～1867年）后期，随着其他产地麻布业的发展，市场竞争变得激烈，奈良晒的生产量逐渐减少到原有产量的1/10左右。这一时期，中川家族仍然通过奈良晒的批发业务维持生存，保持自己的市场份额。

德川幕府被推翻（1867年）之后，明治维新（1868～1912年）开始，武士阶层（士族有40多万人，加上家属共有近200万人）逐渐减少，大多转行创业，不需要长袍了。这使奈良晒制品行业逐渐衰退，中川家族的批发商店面临困难。不过，中川家族的第七代和第八代继承人继续延续着奈良晒制品的批发经营。

对于"中川政七商店"的招牌启用于何时，存在着不同说法。有人认为，中川家族的第七代继承人为中川政七，他用自己的名字命名了商店，从那以后中川家族的奈良晒批发店就称为"中川政七商店"，并一直延续至今。但是，骆仪主编的《京都好物》一书中认为，是第九代继承人（中川正志）在1868年启用了"中川政七商店"的名号。孰是孰非，还需要进一步考证。

不过，有确凿的史料证明，1883年就已经启用了"中川政七"的店铺名称。在明治十七年（1884年）创刊的《大和名胜豪商案内记》中，曾经出现中川政七商店的图示（见图2-2），从图中可以看出当时中川政七商店处于正常经营状态。

第 2 章　第一阶段：中川政七商店长寿营销模式的形成（1716～2001年）　17

图 2-2　明治时期的中川政七批发商店

从图 2-2 中可以看出，店铺门楣左侧有"中川政七"四个字，表明这是中川政七商店；接着有"奈良元林院町"六个字，表明店铺所在的位置；左中的位置写有"卸商"二字，表明店铺从事的是批发业务；中间靠上的位置写有"奈良晒"及各类布品等文字，表明店铺经营奈良晒等麻棉布品；右侧为店徽，写有"奈良元林院町中川政七"和"明治十六年"（1883 年）等文字，这说明在 1883 年已经使用了"中川政七"作为店铺名称；入口处设有招幌，写有"奈良晒布类"等文字，强调批发的主要货品为奈良晒织品。店铺没有橱窗，人们搬运的布匹都是成包成捆的，一名店员正扛着一捆布匹出门，似乎要放在门口的双轮人工推车上，另有两位店员正在地上用力滚着布匹包，足见分量很重，有进有出，表明货物正常流通。

图中呈现的店铺结构、门牌标识、文字内容，以及人员行为，都明显地表现出奈良晒批发店铺的特征，其中"奈良晒""中川政七"在图中出现了两次，突出了中川政七商店从事批发奈良晒织品业务的性质，一不进行奈良晒的生产，二不进行奈良晒的零售，而是进行批量采购，然后批发给相关的制造商、零售商或团体用户等。

图中没有呈现出繁忙的景象，但也有一些货物流转的痕迹，表明在19世纪末期中川政七商店面临困难，但也维持着正常经营。这源于奈良晒仍然被视为最好的布料，中川政七商店能采购优质的奈良晒织品，实现好上加好，占据较小市场中的较大市场份额。因此中川政七商店只做奈良晒的批发业务，就生存了181年，经历了从第一代传承人至第八代传承人，这是批发店铺的经营阶段。

产品制造阶段（1898～1984年）

由于奈良晒织品市场需求的进一步减少，中川政七商店面临的困难也越来越大，不得不进行业务范围的拓展。

1898年（明治三十一年），第九代继承人中川正志面临着销量持续下滑的窘境。为了维持店铺的生存，中川政七商店开始从奈良晒批发店铺的经营延伸至以奈良晒为原料的产品生产，制造浴巾、手帕、儿童服装等，可以称之为向产业链后端延伸。我们可以推测此时其采取的是批量定制化的生产策略，相关资料没有提到有相应的零售行为。由于坚持已有的高品质标准，奈良晒受到当时皇室的喜爱并一跃成为皇室指定用品。这使中川政七商店的经营略有好转，但是并没有摆脱生存的危机，曾经一度陷入停业。

1912年（大正元年），第十代中川政七传承人继续为生存而努力，方法是进一步扩大生产规模，将业务从以奈良晒为原料的产品制造，进一步延伸到产业链前端，不仅在月之濑、田原、福住等地增设了织布作坊，还在木津川边建设了漂白厂，这意味着建造了自己的全产业链的奈良晒工厂。同时，仍然坚持以奈良晒为原料的产品生产，并且不断增加产品花色品种，使奈良晒呈现出复兴的态势，中川政七商店得以继续生存和发展。1925年（大正十四年），中川政七商店以奈良晒为材料制成的手帕，参加了巴黎世界博览会，使这一日本传统手工艺首次展现在世界的舞台。在中川政七掌门人传至第十代时，工坊里大约有30人工作。

1953年，纺织品的机器化生产在日本逐渐普及，手工生产的奈良晒人工成本比机器生产高很多，奈良渐渐失去了手工生产的基本优势。中川政七商店第十一代继承人中川岩吉面临着艰难的选择：或者随波逐流，采用机器化方法制造奈良晒，这样会大大降低成本，但是会影响产品质量；或者继续坚持手工的制作方法，可以保证奈良晒的质量，但是必须到劳动力成本较低的地方生产。思考的结果是，他依然坚持保留传统的手工生产技术，在保留奈良县月濑村工坊的同时，将大部分生产工坊转移至中国、韩国等国家。这时期仍然延续着生产和批发奈良晒布品，以及从事以奈良晒为原料的布品生产。

1973年，中川岩吉的儿子中川严雄与御世子结婚，二人同时进入中川政七商店参与经营，但是掌门人仍然为中川岩吉。此时，主打产品为以奈良晒为原料制作的茶巾和小方巾两类产品。中川严雄在帮助父亲打理店铺的过程中，继续采取扩展产品线的策略。1974年，中川政七商店的茶道相关产品仅限于茶巾等布料品。1975年中川严雄开始了茶具等系列产品的开发，扩展到茶叶罐、茶叶罐布包、茶壶、茶杯等相关产品，这些产品都由其妻子中川御世子设计并手写上产品的名字，这使中川政七商店成为茶具用品的综合批发商。1983年成立中川政七商店株式会社。

可见，在该阶段80多年的时间里，中川政七商店为了生存不断地扩大产品线，包括奈良晒布匹及相关制品，采取采购和自产并举的方式，主要通过批发的方式进行销售。该阶段，可以将中川政七商店概括为奈良晒及相关制品，以及茶道用品的产品制造阶段。

单一品牌阶段（1985～2001年）

在前两个阶段，中川政七商店主要依赖人们对奈良晒的认可，集中精力进行奈良晒及其制品的设计、生产和批发，由于没有推出自己的品牌，客户购买的是奈良晒产品，因此中川政七商店处于产品策略阶段，没有实施品牌战略。随着竞争的激烈化，以及发展遇到瓶颈，中川政七商店从1985年开始进行单品牌的尝试，其标志是，该年度创立了中川政七商店的第一个品牌"游中川"，将创业本部从奈良市元林院町迁移到奈良县综合批发商聚集地，这是政府建设的批发商聚集的公共建筑，出租给批发商。同时，它在原来元林院町的地方开设了名为"游中川"零售店铺，开始零售各种以麻布为原料生产的杂货和日式小物品。虽然是零售店铺，但是当时展示功能更加突出，中川淳曾经将其比喻为工艺品展示厅。无论如何，1985 年中川政七推出了名为"游中川"的商品品牌和店铺品牌。1988 年，中川严雄成为中川政七商店的第十二代继承人，其妻子中川御世子开始参与"游中川"品牌的产品策划和设计。

1. 品牌理念

品牌名称为"游中川"，"游"有"游戏""游览""逛"等含义，"中川"为家族姓氏，这里指中川家族店铺，品牌名的字面含义是"逛中川家店铺"。

品牌标志由品牌名称"游中川"和两只鹿组成，中间为纵向排列的"游中川"三个字，两旁各一只鹿，鹿的图形来源于1300多年前日本正仓院文物"麟鹿草木夹缬屏风"上鹿的图案。其实，"游中川"很多商品的设计思路，都来源于正仓院文物的图案。

品牌精神，是传达日本的文化和生活情趣。中川御世子在解释"游中川"品牌名称时谈到，它来源于给现代的心灵创造一个游乐的空间，使人们与日常之物在这个空间偶遇，并产生愉快之感。中川政七商店官网对"游中川"品牌的描述是：以日本布为概念，将日本自古传承至今的素材、技术、设计与现代时尚相结合。对从服装到披肩、箱包等一系列时尚物品，提出了整套造型规划。可见，"游中川"品牌是围绕着奈良晒材料进行延伸和发展的。

2. 品牌定位

从对"游中川"品牌的文字描述，我们看到重复次数较多的词是日常生活用品、工艺、情趣、美好，以及愉悦等。套用属性定位、利益定位和价值定位的结构，可以归纳出"游中川"的属性定位为优质的工艺化麻布生活用品；利益定位为愉悦心灵；价值定位当时没有明确的诉求，后来可以归纳为幸福的生活。

3. 高质量的产品策略

产品是"优质的工艺化麻布生活用品"属性定位点所在位置，该阶段中川政七坚持传统工艺和优质产品的经营传统，并延续至"游中川"品牌。为了实现与顾客愉悦地分享"游中川"的物品，中川御世子精心地进行产品的设计和制作，不断地推出传统工艺与时尚相结合的日常生活用品。用她自己的话说，就是对匠心工艺秉持一丝不苟的态度。①从产品线方面看，包括日常生活服饰系列、首饰系列和茶具系列等。布料的原材料仍然以麻布为主，也有少量其他材料制品，以非布料为原料的产品则涉及瓷器、木器、漆器等产品。②从个体产品看，坚持传统的手工工艺，不减少任何一道工序。例如鹿漆皮钱包，其制作工艺已有1300多年的历史了,需要选择山羌小鹿皮,经过鞣制、涂上天然的好漆、熏制成茶褐色、烙铁烙制以吸收上好的漆等环节,最终形成漂亮的纹样。中川政七商店为了确保质量,一直委托"春日"作坊的辻本丰仁先生亲手制作。又如 1995 年推出的花布手巾,用于搭配厨房的各种器皿,使厨房一改往日的脏乱差,变得美好起来。其最大的外观特色是麻纱布巾上染有樱花和绣球花等季节性花朵的颜色,连装手巾的盒子也是手工制作的。同时,为了体现传统和艺术,诸多花纹图案的设计思路,都来源于具有 1300 多年历史的正仓院文物,这些文物图案受到古罗马、波斯及中国艺术风格的影响,具有极强的感染力,进而可以给顾客带来艺术的感官享受及愉悦感。

4.适应性的店铺策略

店铺不是"优质的工艺化麻布生活用品"属性定位点所在位置,但是直接影响着"愉悦心灵"利益定位的实现,因为店铺的位置和环境是"游中川"与顾客的直接接触点。这一阶段,伴随着品牌战略的尝试,中川政七商店开启了如下过程:从日常生活用品的原料批发商,转型为日常生活用品的零售商。其中零售店铺的创建和布局变得非常重要。

一方面,在原来元林院町的地方,也就是 1716 年中川政七开设奈良晒批发商店的地方,于 1985 年开设了"游中川"零售店铺,这使中川政七商店的传承有了源头和故事,增加了顾客的喜爱和信任感，同时顾客也会感受到自己身处三百年的老铺当中，获得的精神享受是无法用金钱衡量的。这家店为"游中川"总店。这让我们想到，现在很多老字号没有了自己的第一家店铺，也无法找到自己第一家店铺的位置，如何让人相信品牌有悠久历史呢！

另一方面，中川政七商店于2001年在东京惠比寿开设了第二家"游中川"零售店铺（由于其完成了历史使命而在2005年关闭）。2001年东京惠比寿店铺的开业，表明传统工艺与时尚结合的中川政七商店的产品正式进入东京市场。东京是一个时尚之都，在这里开设店铺具有标志性的意义和价值。

对于这一阶段两个店铺的开设，第十三代继承人中川淳曾经评价道：第一家"游中川"店铺与后来的制造商品牌直营店相比，"艺廊"的特色较为鲜明；第二家"游中川"店铺，意味着朝制造商品牌直营店的方向发展，但是当时主要将其作为展示空间和业务办公室，进军东京市场的经营意愿并不强烈。可见，在东京开设店铺，与其说是分销策略，不如说是传播策略，为增加品牌的影响力起了一定的作用。

5. 展览式的传播策略

这一阶段的传播策略，主要是通过参加第三方展览会和自己店铺举办展览会等方式进行。1992年，中川政七商店在"游中川"总店举办了中川御世子的第一次奈良晒设计展，根据春季赏樱花、夏季纳凉、秋季赏月和野花、冬季迎春等主题，设计制造了相应的麻织品，还邀请了陶器、漆器、木器等工艺家提供参展的作品，不仅有麻制的挂毯、杯子垫等平面产品，还有阳伞、扇子、拖鞋等立体产品，让顾客感受到心灵上的愉悦和满足。此后每年"游中川"总店都会举办类似的设计展。同年，中川政七商店还参加了东京晴海礼品展，展品包括麻布制作的礼品、长布衫，以及印有正仓院文物图案的钱包等。中川御世子身着麻制布料的和服接待参观者，引起《家庭画报》《妇女画报》等多家媒体关注，产生了不小的影响。

可见，中川政七商店在该阶段16年的发展中，主要采取单一品牌策略，推出了"游中川"品牌，并且从制造型批发商发展为制造型零售商，进行了一系列麻布制品和茶具的设计、制造与零售，使中川政七商店和"游中川"品牌直接跟顾客发生联系，为后续多品牌及零售战略的实施提供了宝贵经验。不过该阶段仍然只是维持企业的生存，并没有较大的发展，公司有两个经营部门：一个是中川严雄负责的茶具事业部，另一个是中川御世子负责的麻品事业部，后者该阶段处于亏损的状态。因此，该阶段的一系列变革都是围绕着企业的生存和延续进行。

中川政七商店长寿的原因

1716～2001年，中川政七商店存活了285年的时间，基本维持家族式、作坊式的小规模生产和经营，经营状况受时局的影响时好时坏，从整体上看，前十二代都是在为家族企业的生存而奋斗和努力。通过分析，我们发现中川政七商店长寿的原因有四大方面。

1. 使命：延续祖宗的基业

从我们找到的文献可以看出，各代继承人都有着非常强烈的使命感，就是无论如何，甚至是不惜代价，也要将祖宗留下的基业传承下去。

在批发店铺阶段（1716～1897年）181年的时间里，经历了八代的继承人（第一代至第八代）。我们没有找到使命相关方面的描述，但从经历的风风雨雨、中川政七商店得以生存和延续181年来看，可以推论他们是将"让祖宗的基业世代传承"作为使命的。

在产品制造阶段（1898～1984年）80多年的时间里，经历了三代继承人（第九代至第十一代），这是中川政七商店遇到危机的时期，曾经一度陷入停业，三代继承人克服重重困难，从批发经营延伸至制造领域，使中川政七商店起死回生，可见几代都是为传承祖宗留下的基业而努力。中川御世子曾经回忆道，第十代中川政七继承人在离世前，对还是小学生的孙子中川严雄（后来成为第十二代继承人）说"奈良晒就拜托给你了"。

在单一品牌阶段（1985～2001年）的17年时间里，主要经历了一代继承人（第十二代），该阶段继承人的主要任务仍然是维持中川政七商店的生存。此时，中川政七商店设有茶具部和麻品部两个部门，分别由中川严雄和妻子中川御世子打理，而麻品部推出的"游中川"品牌，是直接体现着家族产业传承的业务，无论如何也不能放弃。因此，他们一心希望将奈良晒和中川政七商店延续下去，对于盈利没有太多期许，亏损时也没有放弃。

2. 营销组合模式：围绕"好物—产品出色"进行营销组合

在整个中川政七商店的发展历史中，一直重视推出完美的产品，即使面临成本上升、入不敷出的窘境，也不放弃。

在批发店铺阶段（1716~1897年）181年的时间里，中川政七商店的目标顾客为奈良晒的零售商、以奈良晒为原料进行生产的制造商，以及政府、皇室等团体的批量购买者及使用者。当时主要突出的是出色的奈良晒产品，这是一个属性定位，没有强调利益定位和价值定位。因此是"1+5"的营销组合模式：产品最为出色，服务、价格、店铺位置、店铺环境、传播不低于行业平均水平或顾客可接受水平。奈良晒本身就意味着是优质麻布，中川政七商店努力地采购并提供优质的奈良晒麻品，因此得以存活这181年。

在产品制造阶段（1898~1984年）80多年的时间里，中川政七商店的目标顾客仍然为奈良晒及其制品的零售商、以奈良晒为原料进行生产的制造商，以及政府、皇室等团体的批量购买者及使用者。定位点仍然是奈良晒及其制品出色的属性定位，没有利益定位和价值定位。仍然坚持"1+5"的营销组合模式，不过产品线范围扩大，从奈良晒麻布延伸至它的相关制品。该阶段由于采购奈良晒的质量难以保证，中川政七商店开始自己生产奈良晒产品，以及相关制品。其高品质受到当时天皇皇室的认可，成为皇室指定用品。

在单一品牌阶段（1985～2001年）的16年时间里，中川政七商店的目标顾客已经向最终用户转移，但是属性定位仍然是产品出色——出色的工艺麻布制品，不过出现了利益定位的萌芽，就是给顾客以愉悦之感。该阶段继续坚持"1+5"的营销组合模式，设计、制造和销售出色的产品，产品线从奈良晒麻布相关制品延伸至茶具等产品。同时，开始重视零售店铺位置、环境，以及设计品展览等传播手段的运用。但是，还没有系统的营销管理，没有长短期的营销规划书及相应的实施策略。

3. 流程模式：围绕出色产品进行构建

中川政七商店在其发展过程中，一直围绕着优质产品这个核心点进行关键流程的构建。

在批发店铺阶段（1716～1897年）181年的时间里，中川政七商店的业务流程是"采购—配送—批发销售"，批发销售的奈良晒麻布主要来源于向制造商采购，产品质量的优劣完全取决于采购什么和向谁采购，因此该阶段中川政七商店的关键流程是采购流程，继承人更多的精力用于产品的采购过程。

在产品制造阶段（1898～1984年）80多年的时间里，中川政七商店的业务流程是"原材料采购—生产制造奈良晒麻布—制造麻布类生活用品—批发销售奈良晒及相关制品"。其中影响产品质量的关键环节是生产制造环节，因此该阶段中川政七商店将生产制造作为关键流程进行构建。

在单一品牌阶段（1985～2001年）的16年时间里，中川政七商店的业务流程是"原材料采购—制造奈良晒麻布—设计并制造以奈良布为材料的日常生活用品—配送—批发零售和服务"。保证产品出色的重要环节是产品的设计和制造流程，因此该阶段中川政七商店构建了产品设计和制造的关键流程，特别是美学视角的工艺设计。中川御世子主要负责"游中川"麻制品的设计，一方面将日本传统素材、技艺、匠心与时代感融合，另一方面将艺术与日常生活用品结合，使顾客感受到家庭生活的传统和沉静之美。

4. 资源模式：围绕关键流程进行整合

在1716～2001年长达285年中，中川政七商店主要是家族式、作坊式的手工生产和经营。主要资源包括文化（组织）资源、人力资源和资金资源。这些资源一直围绕着优质产品进行组合，在单一品牌阶段开始向店铺进行部分转移。

在文化资源方面，主要体现为家族传承。世世代代都是中川家族成员继承家业，以"中川政七第×代"来命名，以保证家族事业的永续经营。家族成员继承并不能保证一定会永续经营，但是为永续经营奠定了一定基础，后代们从小耳濡目染，深受前辈的影响，一旦继承家业，定能像前辈一样尽力地延续祖辈们留下的基业。从研究来看，中川政七商店各代继承人都有着如下特征：秉承传承祖业的使命、永不放弃的精神、顺势而为的创新活动、追求完美的行事风格。由此，也形成了组织的三大价值观：语为心声、言行一致和追求完美。

在人力和资金资源方面，前十一代都是围绕着提供优质产品进行匹配。在采购决定产品质量的批发商阶段，人力和资金资源就向采购流程进行倾斜。在生产决定产品质量的制造商阶段，人力和资金资源就向制造工厂进行倾斜。到了第十二代，延续向制造领域倾斜的同时，更加关注产品的设计，以及零售店铺的创建，为品牌的发展安上了出色产品设计和推广两个车轮。

中川政七商店长寿的营销模式

在本章中，我们主要做了两件事情，这两件事情有差别，又是互相联系的，用一句话来概括，就是通过梳理中川政七商店的发展历史，探索其长寿的关键性原因，即归纳出中川政七商店的长寿营销模式。

1. 中川政七商店长寿的发展轨迹

回顾中川政七商店285年（1716～2001年）的发展历史，虽然它没有很大的发展，但是维持了生存，属于一家长寿的中小型企业，大体经历了奈良晒麻布的批发商店阶段、奈良晒麻布的生产制造阶段和单一品牌发展阶段，各个阶段的发展特征见表2-1，完成了从奈良晒麻布的批发商到奈良晒麻布制造商、再到以奈良晒类麻布为原料的日常用品、茶道用品的自制零售商的转化。

表2-1　中川政七商店285年（1716～2001年）的发展特征

发展阶段	批发店铺阶段	产品制造阶段	单一品牌阶段
持续时间	1716～1897年（181年）	1898～1984年（86年）	1985～2001年（16年）
家族继承	第一代至第八代	第九代至第十一代	第十二代
主要业务	奈良晒麻布的批发	奈良晒麻布的制造及批发	麻布制品的制造及零售
继承业态	奈良晒麻布的批发	奈良晒麻布的批发	奈良晒麻布的制造
创新业态	奈良晒麻布的批发	奈良晒麻布的制造	麻布制品、茶道产品的设计及零售

2. 中川政七商店长寿的营销秘密

简述之，可以概括为以下七句话：①秉承了传承祖业的使命；②确立了永续生存的经营目标；③选择了"对好物有需求的群体或个人"为目标顾客；④选择了"好物——产品出色"的属性定位点；⑤设计了以"好物——产品出色"为核心的营销模式（"1+5"模式，产品出色，服务、价格、店铺位置、店铺环境和传播达到不低于行业平均水平或顾客可接受水平）；⑥构建了保证产品出色的采购或生产的关键流程；⑦依关键流程进行企业（组织和资金）资源的整合，其中组织资源主要是文化资源，涉及继承人特征（传承祖业、永不放弃、顺势创新和追求完美）和组织的价值观（语为心声、言行一致和追求完美）。我们把这些内容回归到逻辑营销管理框架，就可以得出中川政七商店长寿的关键性原因的可视化图形（见图2-3）。

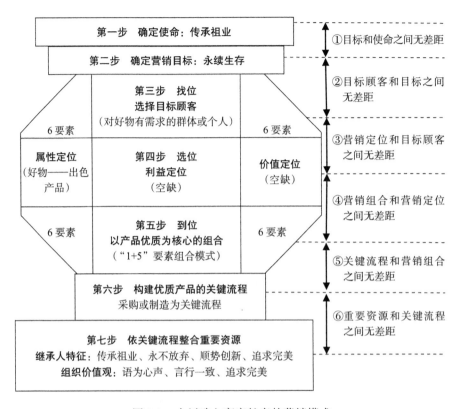

图 2-3　中川政七商店长寿的营销模式

可见,中川政七商店长寿的营销秘密,就是通过实施长寿的营销模式,弥合或者避免营销的六大差距(见图2-3)。具体地说就是:①秉承传承祖业的使命;②依使命确立永续生存的经营目标,弥补或避免目标和使命之间的差距;③依目标选择"对好物有需求者"为目标顾客,弥补或避免目标顾客和目标之间的差距;④依目标顾客选择"好物——产品出色"为属性定位点,弥补或避免营销定位和目标顾客之间的差距;⑤依营销定位点实施以"好物——产品出色"为核心的营销组合模式,弥补或避免营销组合和营销定位之间的差距；⑥依"好物——产品出色"的营销组合模式构建关键流程，弥补或避免关键流程和营销组合之间的差距；⑦依关键流程整合重要资源，弥补或避免重要资源与关键流程之间的差距。做到这些，需要继承人具有传承事业、永不放弃、顺势创新、追求完美的特征，组织形成语为心声、言行一致和追求完美的文化。如此，就可以实现永续生存的长寿目标。但是长寿并不等于长青，长青还需要健康发展，因此中川政七商店从长寿到长青，有着另外的营销模式。这是我们下一章要讨论的问题。

中川政七商店长寿营销模式形成阶段大事记（1716～2001年）

- 1716年　第一代（创始人）中屋喜兵卫开始了奈良晒织品的批发经营。
- 1868年　第九代继承人中川正志开始启用"中川政七"的名号（对此有不同说法）。
- 1883年　史料记载在批发店铺门面的左上方启用了"中川政七"名号。
- 1898年　第九代继承人中川正志开发了以奈良晒为原料的产品——浴巾和儿童服装，前者成为皇室御用产品。这表明中川政七商店从奈良晒的原料批发，延伸到奈良晒制品的批发。
- 1912年　第十代中川政七建造了自己的奈良晒工厂，这表明中川政七商店从奈良晒的批发经营延伸至奈良晒的生产制造。
- 1925年　参加在法国巴黎举办的世界博览会，展出了手工纺织和编织的麻制手帕。
- 1973年　中川严雄结婚并进入中川政七商店，开始筹划进军茶具行业。之后逐渐分离为奈良晒和茶具两个业务板块，形成两个事业部。
- 1979年　奈良晒被正式列入奈良县非物质文化遗产。

- 1983 年　成立中川政七商店株式会社。第十一代继承人中川岩吉将生产基地移到韩国和中国，保留手工生产。
- 1985 年　中川政七商店的第一个品牌"游中川"创立，并在老店的原址元林院町开设了"游中川"总店。此时，该店更多还是用于展示和批发销售。
- 1988 年　中川严雄成为第十二代中川政七商店继承人。
- 1992 年　在"游中川"总店举办了御世子（中川严雄妻子）的第一次产品设计展——"奈良晒展"。
- 1995 年　花布手巾诞生。
- 2001 年　"游中川"店铺在东京惠比寿开业（2005 年停止营业），该店的展示功能大于销售功能。

第3章

第二阶段：中川政七商店长青营销模式的创建
（2002～2009年）

老字号长寿百年难，活到300岁更难，在300岁的时候焕发青春难上加难，如有，便是非常少见的稀有商业物种。然而，中川政七商店就是在2002年（286岁）的时候开始进行重大变革，从长寿公司跨入了长青公司的门槛。其核心是采取了品牌战略——从单一品牌过渡为多元品牌，从他人品牌的批发商转变为以自我品牌为主的零售商。我们按着历史脉络和品牌发展轨迹，梳理中川政七商店第二阶段的变革之路，以探索中川政七商店从长寿向长青转型的营销模式。

"游中川"零售专柜阶段：探索长青的营销模式
（2002～2003年）

中川政七商店在1985年注册了"游中川"商标，用于商品和店铺两个领域，但是还没有形成清晰的品牌发展战略，目的是淡化中川政七商店的历史传统感，强化设计的现代和时尚感。尽管此举提升了公司及商品的知名度和形象，但是对于经营成果的改善并不明显。中川政七商店在本质上发生改变，是中川淳2002年（28岁）进入家族企业之后。尽管他在2008年（34岁）成为社长，2016年（42岁）才成为第十三代继承人，但是一入职他就开始将现代管理方法引入到企业的经营当中。

2002年，中川政七商店有两个事业部，第一事业部是茶品部，主要是茶道用品的经营，在公司营业额中占据主要部分，为70%左右，处于盈利状态；另一个事业部是麻品部，主要是传统的麻布制品的经营，该部由于经常举办年轻工匠和设计师作品展览，具有很高的声誉，但是在公司营业额中占比较少，处于亏损的状态。尽管此时中川政七商店已有自己开办的"游中川"零售店铺，但主要还是用于展示，商品大多是销售给批发商和零售商，很少直接零售。

为了解决销售额和利润额太低，实现扭亏为盈，中川淳最初也是向批发商、零售商上门推销，然而这些奈良晒织品的批发商、零售商经营状态每况愈下，即使给他们提供改进经营的建议，也得不到回馈和反应。由此中川淳感到，专门从事批发业务已经难以走出困境，出路是塑造自己的品牌，开设自己的零售店。他谈道："我们也不像大公司，负担不起一大笔广告宣传费。因此，就需要通过品牌战略，给商品和公司自身打上镁光灯，成为顾客和客

户的主动选择"。[○]

打造品牌的重要方法是增加与最终用户的直接接触点,每一环节都由自己控制和把关。中川淳认为,品牌的成功,商品部分影响的占比为40%~50%,剩下的50%~60%是店铺氛围和员工零售服务,因此中川政七商店必须开设自己的直营零售店。但是,转型的难度和风险都很大。身为社长的父亲中川严雄提醒他:"开设零售店费用多、风险大、不赚钱"。他说服父亲说,通过零售店铺提升品牌价值,一定会盈利的。父亲最终被迫接受了他的建议。

正在这时,玉川高岛屋百货商店和新宿伊势丹百货商店总店邀请中川政七商店进入开设"游中川"专柜。"游中川"店铺2002年6月进入伊势丹总店,2003年进入高岛屋百货商店,都是专柜的形式。

尽管专柜的形式有很大的局限性,诸如位置不显眼,品牌不突出等,但是这两个零售专柜的开设,具有重要的意义。这意味着中川政七商店开始了从批发商向自有品牌零售商的方向转型,该转型对于公司后来的发展起着关键作用,特别是与实施品牌战略和实现"振兴传统工艺"的使命关系极大。同时,这两个零售店的开设,为中川政七商店后来独立店面零售店的发展提供了宝贵的经验。尽管中川政七商店1985年在奈良总部原址、2001年在东京惠比寿开设了两家"游中川"店铺,但是他们更像是批发商的展示厅,并

○ 中川政七. 工艺制胜:三百年老店的绝地反弹之道[M]. 南浩洁,译. 上海:东方出版中心,2019:15.

非真正的零售店，经营管理也是按照批发展厅的模式进行，是没有目标和压力的随意性经营，业绩自然令人失望。在百货商店开设专柜，无论是目标顾客的选择、营销定位的确定、货品数量及更新频率等商品策略、价格制定、专柜位置与陈列，以及每月的销售额，都有着相应的规定和具体要求。这就迫使中川政七商店引进规范的零售及营销管理方法，按计划开发新的产品，改善零售服务，保证达到一定的业绩水平。这些不仅使中川政七商店的整体零售营销管理水平和产品设计开发能力大大提升，并且使公司在前一阶段形成的长寿营销模式的基础上，探索出从长寿跨入长青之门的营销管理模式雏形。

"粹更"产品品牌阶段：磨合长青营销模式（2003～2006年）

2003年开始，中川政七商店从"游中川"单一品牌扩展为"游中川"和"粹更"两个品牌，向制造领域延伸。这不是简单地从一个品牌扩展为两个品牌的问题，而是开始有意识地完善公司长青发展的营销模式。

中川政七商店虽然有了"游中川"的自制品牌，也开设了相应的店铺，但是该品牌当时提升声誉的作用大于对销售额的贡献。为了增加顾客和销售额，中川政七商店在2001年推出了新的"游中川"简约产品系列，但是没有取得明显的效果。中川淳在2003年8月不得不决定通过增加新品牌提升销售额。为达到这个目的，新品牌必须与原有的"游中川"品牌形成区隔，让两个品牌形成互补而非竞争的关系。

当时"游中川"品牌的目标顾客主要是已婚的家庭主妇，她们主要阅读《家庭画报》和《主妇画报》等生活类杂志，对日本传统家居用品有更多的兴趣。"游中川"品牌下的产品特征为：继承奈良传统麻布工艺和图纹，满足家庭主妇对传统日常生活用品的需求，涉及的典型产品类别为眼镜盒、零钱袋、笔袋、拖鞋等。

中川淳在2003年8月决定推出一个新品牌，是想进入日本高级家居用品商店，增加新的高端目标顾客群体，这部分群体比"游中川"群体相对年轻些，也更加现代，早期提供的商品还是以麻布为原料的沙发和床上用品等。2003年11月，"粹更"正式亮相日本东京国际家用纺织品展览会。之所以命名为"粹更"，意在提供更加纯粹、精简和讲究的生活方式。在展会上，"粹更"没有引起很大的反响，却受到业内人士的关注。其第一年的业绩仅为60万日元（约合3.9万元人民币），是一个非常小的销售额。

中川淳在分析销售额少的原因时认为，"粹更"的品牌概念还没有形成，没有明确恰当的品牌形象，也没有明确给顾客带来的独特价值。他在2004年对"粹更"进行价值提炼，最终形成"新的日本之形"（将送礼的心意呈现于行动）的诉求点，即用新的造型，演绎日本传统的材料和工艺，体现人们的现代生活。然后，参加展销会进行推广。2006年2月11日，"粹更"旗舰店在东京原宿表参道之丘正式开业（2012年停业）。此时，品牌概念进一步清晰化为"日本的礼物"，形成"买礼物，就去粹更"的消费者认知，同时将前人的工艺精髓传承下去。为了区别西方的缎带礼品给人们的既定印象，"粹更"选择使用日本传统的"折形"包装，来传递日本独有的送礼规矩和传统，这是由著名设计师山口信博⊖先生主持的折形设计研究所设计出来的，同时还设计了商店名片、购物袋和品牌标志等（见图3-1）。小泉诚⊜先生则帮忙进行了"粹更"店铺和售货员服务接待的设计，最终形成一致化的品牌形象呈现。同时，品牌在全国采购了其他符合"日本礼物"概念的产品，引入到"粹更"店铺之中。由此，在这个时期，形成了"游中川""粹更"，以及后来创建的"中川政七商店"三种类型店铺商品结构的原型：自制品牌＋联合品牌＋他人品牌的集合。

图3-1　2005年折形设计研究所设计的"粹更"新商标

此时，"粹更"品牌取得了成功，无论是品牌形象，还是销售额都实现了预定的目标。诸多百货商店和购物中心邀请"粹更"入

⊖　山口信博，1948年生于日本千叶县。2001年设立山口设计事务所和折形设计研究所。
⊜　小泉诚，1960年生于东京。日本设计师与工艺家，横跨家居器物设计与建筑空间设计。

驻开设品牌店，还有一些商店采购"粹更"品牌的商品，呈现出美好的前景。

中川淳在2008年出版的《奈良小企业在表参道开店的历程》一书中总结道，与他进入公司之前相比，第二事业部的销售额增长了三倍，店铺数增加了四倍，确立了"传统工艺"的基调，创建了"制造—零售"一体化的模式。这是品牌经营的结果。中川淳解释说，品牌经营就是整理出品牌宣传的内容，并向受众正确地传播这个品牌内容，而最有效的传播方式就是发展自己的直营店铺。

可见，"粹更"品牌的成功，使中川淳坚信品牌发展战略的有效性，并初步总结出品牌发展的三个关键因素：一是具有独特的、吸引消费者的品牌概念或价值，二是用优质的产品体现品牌的独特价值（包括自制的产品和他人制作的商品），三是开设自己的零售店让顾客体验到品牌的独特价值（店铺设计讲述"粹更"的品牌故事）。这些表明当时中川政七商店品牌的长青营销模式已经形成。

调整关键流程和资源阶段：建立品牌支撑系统（2006～2007年）

伴随着企业规模的扩大，公司进入新的成长期，中川政七商店不得不开始完善企业管理架构。在东京原宿表参道之丘"粹更"店铺开业的时候，中川政七商店已经有了11家店铺，需要完善相应的业务流程，内部管理架构也必须与其相适应。

在业务流程方面，进一步提高运营效率。2003年中川政七商店就实施了单品管理，2004年将商品保管、库存管理、拣选、包装和发送等物流事宜委托给第三方代为管理，2006年之后进一步完善了商品设计、采购、制造、核算、物流等方面的业务流程，使其更加规范和有效率，改变了第二事业部亏损的局面，使两个事业部都为公司盈利做出了贡献。

在资源整合方面，保证业务流程的高效率。一是人力资源整合。2006年公司将兼职的临时工转正，让他们有稳定之感而后安心工作，同时废除了原有的家庭补贴和住房补贴，实行年薪制度，以答谢优秀的员工。二是信息系统建设。由于2006年已经有了11家店铺，再由各店铺分别记录和敲打键盘录入经营数据已经不适应了，其规模有了建立全公司零售信息系统的可能性和必要性，因此在2006年引入了零售信息管理系统，大大提高了经营管理效率。三是组织资源整合。在2007年提出了中期经营计划书，里面隐含着公司未来明确的使命"要振兴从事传统工艺的厂商和零售商"，后来简化为"振兴传统工艺"，这使组织有了一个共同的目标。为了实现使命和目标，制定了十条"心规"：要端正、要诚实、自豪感、有品位、向前看、坚持走、有自信、尽全力、要谦虚、要享受。为了将十条"心规"落实到行动上，中川政七商店还制定了三条工作准则：关怀（对他人的关怀）、美感（要有审美意识）和积累（为未来工作做铺垫）。这就使其形成了从使命愿景到心法，再到准则和行动的指南（见图3-2）。

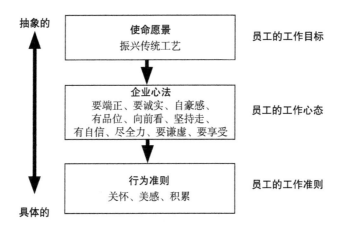

图3-2 中川政七商店使命、心法、准则关系图

中川政七商店2002年的总营业额约为13亿日元（约合8000万元人民币），到2007年超过了15亿日元（约合1亿元人民币），摆脱了销售额增加停滞的局面，逐渐进入成长期。由于处于品牌模式的创建和磨合期，虽然是持续增长，但是速度仍然是缓慢的。这是正常现象，不如此，反而意味着可能存在某种危险。

中川淳在2008年出版的《奈良小企业在表参道开店的历程》一书中，已经总结出品牌长青发展的一般模式，具体包括品牌设计及管理、目标顾客选择及差异化定位，以及相应的渠道设计、传播设计、内部组织设计、营运设计等内容。这表明在2002年至2007年间，中川政七商店已经形成品牌长青发展的营销模式，涉及顾客、流程和资源三个层面的内容。

"游中川"零售店阶段：完善长青的营销模式（2008～2009年）

2008年2月，中川淳正式成为中川政七商店的社长，之后开始统管第一、第二事业部的经营业务。在中川淳就任社长时，父亲跟他说了两件事：一是在父亲这一代中川家族的财产减少到原来的1/3，但是祖业传承下来了；二是无论成功与失败，一定要坚持把生意做下去，这是优先考虑的事情，而传承麻布业务是无关紧要的事情。后来中川淳在其《工艺制胜：三百年老店的绝地反弹之道》一书中总结道：如果固守着奈良麻布生意，中川政七商店早就消失不在了，而不循规蹈矩、勇于创新、一切都是为了活下去，或许是中川政七商店历经三百年来最宝贵的东西吧！2008年，中川政七商店进行了品牌形象设计，使内外部的一切接触点都看到一致化的品牌形象，从顾客看到的商品标签，到员工看到的信封，再到很少被看到的物流纸箱，都有标准化的商标图案。这意味着"长青的营销模式"得到进一步的完善，为复制这一品牌发展模式提供了成熟的条件。

1985年创立的"游中川"品牌在2010年迎来25周年纪念，为了纪念和继续提升"游中川"的品牌形象，中川淳在2007年未接任社长之时，就邀请著名设计师水野学为"游中川"品牌进行全新的商标、购物袋及商店的名片设计。这使得长青的营销模式得到进一步完善。水野学先生不仅为"游中川"品牌设计了商标、购物袋和商店名片，并且向中川淳传递了品牌传播的基本逻辑及规律，助"游中川"品牌形象得到了系统提升。中川淳将"粹更"品牌发展的成功经验复制到"游中川"品牌,二者形成合力推动了"游中川"品牌力的增强。例如,最初"游中川"品牌的名称是"游中川",标志为榊莫山⊖先生书写的"游中川"三个字,没有其他图形元素,突出了现代感,淡化了历史传统。但是,水野学认为,中川政七商店三百年的历史和诞生地古城奈良是非常宝贵的差异化素材,应该加以凸显,因此在原有文字标志的基础上,增加了两只奈良标志性动物小鹿,再将商标镶嵌在古朴的木板门面上(见图 3-3),非常具有历史文化的厚重感。图 3-3 左侧为保留的老茶坊标志。

图 3-3 "游中川"品牌的新标志

同时,店铺设计与布局也从单纯的漂亮,延伸至体现现代与传统的结合,一方面为品牌形象提升做出贡献,另一方面也要为销售额增加做出贡献,实现叫好也叫座的双重目标,而非仅仅体现展览功能。

⊖ 榊莫山(本名榊斎,1926—2010),日本书法家、作家。

这一点后来成为中川政七商店一贯的做法。例如，建立在奈良中川政七商店原址的"游中川"总店，2013年春天经过设计布局调整后重新开业。调整后的店铺外观设计类似奈良围鹿的栅栏（见图3-4），店铺整体结构也是木式结构，货架为木制，屋顶也是木板搭建（见图3-5），内部保留了部分百年老建筑早期的茶坊，店内环境陈设保留了传统的织布机，这一切使顾客可以感受三百年老店的历史痕迹。

图3-4 "游中川"总店的外观设计

图3-5 "游中川"总店的内部布局

中川政七商店跨进长青之门的原因

由前面的分析可以看出，在这个转型阶段（2002～2009年），中川政七商店明显走出低迷，摆脱了销售额增加停滞和主要业务亏损的窘境，整体上从长寿的状态跨入长青的门槛。我们按着逻辑营销管理的框架，可以看出中川政七商店跨入长青之门的七大原因，涉及了营销模式的各个方面。其中主要结论的证据，大多体现在中川淳在2008年出版的《奈良小企业在表参道开店的历程》一书中，该书比较详细地描述了该阶段的变革过程。

1. 使命：振兴传统工艺

中川淳在2002年进入家族企业的时候，没听父亲说过公司愿景的事情。2005年他在考虑提升员工士气、凝聚力和积极性的时候，开始思考确立共同愿景的问题。中川淳在2007年制定的中期经营计划书中，已有"要振兴从事传统工艺的厂商和零售商"的文字，接下来简化为"振兴日本传统工艺"。㊀可以说，在2007年中川政七商店就有了明确的使命和愿景。中川淳后来肯定地表示："倘若现在有人再次问我'经营公司的初心是什么'，我可以毫不犹豫地这样回答：我希望借助我们公司在打造自有品牌的过程中所积累的品牌管理的经验技术，以及以'大日本市'展览与直营店为中心的流通力量，为从事工艺行业的各大厂商及零售店铺提供支持，帮

㊀ 中川政七. 工艺制胜：三百年老店的绝地反弹之道[M]. 南浩洁, 译. 上海：东方出版中心, 2019：47.

助工艺和产地重新焕发生机！中川政七商店正是为此而存在。"㊀中川淳将其称为愿景，其实是使命，使命是说明公司为何而生的。

2. 目标：实现利益相关者的利益

中川政七根据"振兴传统工艺"的使命，确立了实现利益相关者利益的目标。"振兴传统工艺"的使命，不是一家公司能完成的，要扶持诸多相关行业的企业成长，自然必须与它们分享成长所带来的利益。实际上，也可以反过来说，中川政七商店长久、健康的发展，离不开传统工艺的生态链，而生态链上的每一家企业都是中川政七商店流水线上的一个环节，因此必须是大家都正常运营——振兴传统工艺。简言之，振兴传统工艺，中川政七商店才能永续成长，才能实现利益相关者的利益。可见"振兴传统工艺"的使命与"实现利益相关者利益"的目标互为因果。

利润最大化，不是中川政七商店追求的目标。对此，中川淳有着明确的解释和说明：合理的利润是非常重要的。利润是通过实业为社会提供某些价值的证明，也是企业要长存所不可或缺的。但是，并非因此就要追求利润最大化。买方（顾客）、制造方（工艺品厂商）、卖方（中川政七商店）都能够合理得益，然后还要贡献社会，因此不仅要三方得利，还要以四方得利作为理想目标。㊁

㊀ 中川政七. 工艺制胜：三百年老店的绝地反弹之道[M]. 南浩洁，译. 上海：东方出版中心，2019：8.
㊁ 中川政七. 工艺制胜：三百年老店的绝地反弹之道[M]. 南浩洁，译. 上海：东方出版中心，2019：125.

3. 目标顾客：利益相关者

中川政七商店的目标顾客选择策略，包括利益相关者都是目标顾客，消费者是核心目标顾客，细分核心目标顾客等几个方面的内容。

1）范围：涉及利益相关者。由于中川政七商店的目标是实现利益相关者的利益，自然会选择利益相关者为目标顾客，即树立大顾客观，以保证在营销活动中考虑到各个方面的利益。对此，中川淳有着深刻的认识，他认为，分工是工艺的基础，工艺品行业从原料生产到产品制造，再到批发、零售，直至消费者购买使用，是环环相扣的，一个环节萧条会带来整个行业的萧条，因此要求大家精诚合作，互相关照。

2）核心：最终消费者。中川政七商店最为核心的目标顾客是传统工艺品消费者，由于利益相关者最终分割利益的多与少，取决于该消费者群体贡献的价格总额的多与少。因此，实现这部分群体的顾客价值和顾客满意至关重要。因此，后文营销定位和营销组合的分析，着重于以消费者为目标顾客的部分。

3）精准：细分目标顾客。由于中川政七商店拓展了多种品牌的商品和店铺，为了扩展市场空间和避免品牌之间的伤害，实施了目标顾客细分策略。有的是根据目标顾客人口统计特征进行细分，例如"游中川"的目标顾客会比"粹更"的目标顾客年龄稍大一些，也更加传统一些。有的是根据同一目标客户群体的不同场景进行细分，例如"中川政七商店"品牌满足目标顾客的日常生活需要，"日本市"品牌满足目标顾客送礼的需要等。

4. 营销定位：美物带来的愉悦

中川政七商店的长寿发展阶段，主要是经营产品，向零售商和批发商提供出色的奈良晒及其相关制品，有了产品方面的属性定位（好物）。此后，进入长青阶段的一个重要特征是：从产品定位转型为品牌定位。中川淳在 2008 年出版的《奈良小企业在表参道开店的历程》中谈道，企业的成功在于品牌，而品牌是在客户心目中形成的差异化形象，并围绕着这一差异化形象进行一致化呈现。[一]显然，这是品牌定位的概念。中川淳表示，他不关注如何创造具有人气的畅销商品，而是更加关注品牌价值的提升。

在这个转型阶段，中川政七商店整体上形成了一个品牌定位的逻辑：明确了属性定位"美物"，物品不仅要好，还要美，具有艺术欣赏价值。从而引发利益定位"愉悦"，因为美的东西总会给人带来感官和心灵上的愉悦。最终直达"幸福感"的价值定位。价值定位当时并没有明确提出，但是已经隐含在公司的整体经营理念和活动之中。后来，也有显性化的趋势。例如，2016 年中川政七商店编写并出版了《日本风俗小物》一书，提醒人们根据节气的变化选择和使用美物，并呈现了在使用过程中对物品产生的情感和眷

[一] 中川淳. 中川政七商店的品牌打造术：看一家小店如何让日本企业竞相膜拜 [M]. 刘向洁, 译. 台北：行人文化实验室, 2018：29.

恋，以及美好的感受。2018年5月26日，中川淳在"诚品生活"苏州店举行以"品牌再造与地域活化——300年老店历久弥新之道"为主题的分享会。与此同时，凤凰网邀请中川淳做客《凤凰会客厅》栏目。采访中，他提出了"幸福论"，既要使商品符合实际生活的实用性，又要保持赏心悦目的精致感，让每一个买到产品的人有一些欢喜和乐趣，这正是中川政七商店的"幸福论"。

由于目标顾客不同，或者相同的目标顾客所处的场景不同，故而形成了不同品牌不同的营销定位点，这些不同主要体现在属性定位点方面，而在利益定位点和价值定位点上几乎是完全一致的。这里我们仅以中川政七商店三个综合品牌的目标顾客为例分析。"中川政七商店"品牌主要用于日常生活用品，属性定位于"美的日常生活用品"；"游中川"品牌主要用于"日本布"类产品，属性定位于"美的日本布艺产品"；"日本市"品牌主要用于"日本土特产"，属性定位于"美的日本礼品"。但是三者的利益定位都是"美物带来的愉悦感"，价值定位都是"幸福感"。

5. 营销组合模式：围绕"愉悦感"进行营销组合

在这个转型阶段，中川淳已经体会到品牌的差异化形象定位的重要性。他在2008年出版的《奈良小企业在表参道开店的历程》中谈道，打造品牌差异化形象，"唯有全部的接触点都维系在一定的主轴上"，"除了靠商品、销售人员、店铺的室内摆设、陈列展示、价格之外，还有经营方针、渠道政策、制造体制、宣传，更进一步包括人资、法务、财务等公司整体机能"。㊀实际上，这里面已经有了依定位进行营销要素组合的思想，即他所说的"全部的接触点都维系在一定的主轴上"。

1）定位点所在位置的产品要素，突出"美物愉悦感"。这是指通过精心设计和工匠式的工艺，用时间打造出给人以艺术美感的"用品"，为品牌的"愉悦感"做出贡献。它不是通过推出火爆一时的热销产品来达成目标。中川淳认为，中小企业推出热销产品是非常危险的，它会吸引企业增加机器设备，扩大生产规模，然而该商品热销的时间越长，未来下跌的幅度会越大，入不敷出的概率越大，最终可能无力回天，导致企业倒闭，因此万万不可推出热销商品。商品美感必须通过时间和匠心来打磨完成。一是要选对设计师，二是企业自己掌控新产品的设计方案，三是要持续地推出新产品。诸多传统工艺品老店面临困境的一个重要原因，就是重复生产与过去相同的东西，这种习惯被认为是保留传统的主要方法。其实，这不仅会导致销售额的下降，还会由于因循守旧使一些老字号后代放弃继承祖业。创新才会吸引后代继承老店铺的事业，也会增加销售额。

物品的艺术美感基于美物，最为重要的是通过物品本身来呈现，因此中川政七商店秉承"全部的接触点都维系在一定的主轴上"的原则，在商品的材料、工艺、形态等内部属性和商标、包装、服

㊀ 中川淳. 中川政七商店的品牌打造术：看一家小店如何让日本企业竞相膜拜 [M]. 刘向洁，译. 台北：行人文化实验室，2018：31.

务等外部属性上,都努力让顾客产生愉悦感。中川淳的母亲中川御世子就是非常讲究生活美学的设计师,她把自己家庭生活的美学感悟与商品设计融合起来。她曾经说:"当我们得到一样品质上乘而又美丽的商品时,你会发现对它越用越有感情,所以今后我会为大家不断奉上能让生活变得更快乐的商品"。⊖

例一:改变商品外观形态。这是产品的内部属性之一,有时不需要改变材料,也不需要创新独门的工艺,改变外观形态就可以给顾客带来愉悦的体验。明治十七年(1884年)创刊的《大和名胜豪商案内记》中有中川政七商店的图示,其中招牌上就写有"蚊帐类",表明在一百多年前中川政七商店就经营麻类蚊帐布,但是现代居室生活很少再用蚊帐,大大减少了自然蚊帐布的需求量。中川政七商店不得不考虑开发蚊帐布的新用途。1995年推出的以蚊帐布为材料的花布手巾(见图3-6),是边长为58厘米的正方形,根据季节染上樱花和绣球花等花朵的颜色,可以折叠和重复使用,主要作为礼品包装、厨房遮盖装饰,方巾对折还可以用作抹布等,使传统的厨房变得美丽起来,让人产生愉悦感。方巾洗涤之后可以反复使用,越用越柔软,因此上市之后,一直畅销不衰。2008年花布手巾荣获"日本优良设计奖"金奖。

例二:改变商品的名称和标志。这是产品的外部属性的商标部分。我们以"粹更"品牌为例,说明商标的完善过程。2003年

⊖ 中川御世子. 三百年老店:日常生活的经营智慧[M]. 程冰心,译. 上海:东方出版中心,2019:47.

图 3-6　中川政七商店推出的花布手巾

中川政七商店推出了"粹更"品牌，有了名称和标志，名称体现了品牌"精炼考究"的生活方式。其中的"粹"字是日本体现人与人关系的美学词汇，隐含着出现与消失、亲近与疏远的神秘而诱人的情境。不过，初期并没有形成完整的品牌概念。2004 年"粹更"品牌的独特概念形成，用新的造型融入人们的现代生活，演绎日本传统的材料和技术，形成"新的日本之形"。㊀后来明确了该品牌专门用于"日本的礼物"类产品及销售这类产品的店铺。山口信博先生主持的折形设计研究所帮助设计了品牌标志，以及突出品牌标志的商店名片、购物袋、包装箱等。这为传递"粹更"品牌的一致化形象，给顾客增加愉悦感做出了贡献，特别是针对不同礼品的差异化包装，让人感受到美好（见图 3-7）。

㊀　中川政七. 工艺制胜：三百年老店的绝地反弹之道 [M]. 南浩洁，译. 上海：东方出版中心，2019：30.

图 3-7 "粹更"糖果和茶杯的差异化包装

"美物"必须建立在追求完美的基础上。一次,中川政七推出的一批花巾产品,缝边比原来设计短了一点点,有可能发生少许脱线的现象,已经销售了数千条。尽管在使用功能上这批花巾不受任何影响,公司也有人承诺以后注意,但是中川淳果断决定全部回收,以保证顾客送礼和使用的花巾是完美的。

2)非定位点所在位置的其他组合要素,为"美物愉悦感"做出贡献。这些组合要素包括服务、价格、店铺位置、店铺环境和传播五个部分。第一,它们要为"美物"提供注脚,服务水平、价格高低、店铺位置、店铺环境、传播等都必须正向地呈现商品是"美物",才能使顾客产生愉悦感。第二,它们要直接给顾客以愉悦感。第三,它们也不能低于顾客的可接受水平,否则必然对"愉悦"的利益定位点、"幸福"的价值定位点产生伤害。

这些想法的落地，必须借由零售店铺来实现。"粹更"东京原宿表参道之丘旗舰店开业后，中川淳谈道："我再次感受到传统工艺制造商经由实践零售业务来提高品牌经营的重要性。以文章或是视觉形象来说明品牌概念，或是提供样品审视，其实都远远不及在店铺或是卖场这种立体的形态之下，呈现出的世界观和价值观。"㊀

因此，店铺呈现的一切东西都必须与品牌定位相一致，即围绕主轴进行规划。例如，为证明中川政七商店提供的是美物，并让顾客感到愉悦，零售地点选择在百货商店开设专柜和自己的独立店面，努力实现艺术化的环境和氛围。店铺环境和服务等方面，邀请小泉诚先生等专家进行专业化的设计，以与品牌概念相一致。采取高于成本价 10% 的定价策略，不采取低于成本价和频繁促销的方式竞争，而是采取展览的形式增加吸引力，以维护自身的品牌形象和价值。正像中川淳所言："我们并不想创造出只是陈列传统工艺品的僵硬空间，而是动感十足的愉快店铺，于是决定定期举办企划展。每次展示都是以礼品为切入点，直到现在仍然持续开展这种活动。"㊁可见，中川政七商店让顾客在店铺中感受到的一切都是可控制的，都是为愉悦感做出贡献的。

㊀ 中川淳. 中川政七商店的品牌打造术：看一家小店如何让日本企业竞相膜拜 [M]. 刘向洁，译. 台北：行人文化实验室，2018：177-178.

㊁ 中川淳. 中川政七商店的品牌打造术：看一家小店如何让日本企业竞相膜拜 [M]. 刘向洁，译. 台北：行人文化实验室，2018：176.

6. 流程模式：围绕营销组合模式进行构建

在批发奈良晒阶段，中川政七商店的业务流程为采购、配送和销售的简单流程，其中采购优质的奈良晒产品为关键流程。进入"自制零售商"阶段之后，业务流程变为"原料采购、产品设计、制造加工、配送、销售"等流程，其中产品设计为关键流程，零售为次关键流程，这是因为中川政七商店大多采取委托生产的方式。关键流程的选择是以"美物愉悦感"为核心的营销组合模式决定的。中川淳在谈论其成功经验时，除了强调品牌战略之外，更多的笔墨都用在产品设计和零售店铺运营之上了，足见二者的重要性。我们以中川政七商店的"设计终点"和"口头报告"的两个流程为例进行说明。

"设计终点"，是指商品设计必须考虑从购买者延伸到使用者，即考虑到双方都愉悦的感觉，这对于"日本礼物"类商品来说是非常重要的。因此，礼品包装必须成为商品设计的重要组成部分。中川政七商店经过认真研究，为"粹更"选择、设计了折形包装，根据礼品不同、送礼对象不同、送礼原因不同，分别设计了不同的折形。例如，用来包装结婚礼金的红包，对于不同年龄段的结婚者，会有不同的纸张类型和水引（装饰绳结）数量，纸张有格调高低的差异，水引数量也与格调高低成正比，以包装显示送礼者的心意。㊀

"口头报告"，是指设计师设计商品之后，在正式进店之前，需

㊀ 中川淳. 中川政七商店的品牌打造术：看一家小店如何让日本企业竞相膜拜 [M]. 刘向洁，译. 台北：行人文化实验室，2018：170.

要在公司内部至少进行三次口头报告，分别为：企划部内部报告、向业务负责人报告和向店长报告。一方面倾听建议和完善商品设计，另一方面形成传播的共识，明确给顾客的选择理由。中川淳认为："口头报告其实就是说服，而顾客购买商品这件事，代表的就是商品企划的宗旨透过商品本身，确实地表达给顾客，且得到顾客认可的状态。"○

7. 资源模式：围绕关键流程进行整合

战略专家认为，企业的重要资源是人力、信息、组织等资源。在该阶段，中川政七商店的重要资源都向设计和零售等关键流程倾斜，保证了关键流程的有效运行。

1）人力资源向关键流程倾斜。一方面，进行了一系列企业化人事制度改革，具体包括实行员工年薪制，评估员工绩效，将临时工店长改为正式员工，大幅招收应届大学毕业生，举办员工大会（政七祭），造就愉悦的工作环境和氛围，以使他们愉悦地工作并传递给顾客。另一方面，重视设计师的外聘和培养，以满足设计这一关键流程的需要。自制的产品，通常由自己培养的设计师进行设计，然后委托传统工艺厂商进行生产，这些设计师有时也帮助合作厂商进行设计。而品牌设计、店铺设计、包装设计，以及企业识别系统大多是委托专业的设计师进行设计。例如，Sinato 设计公司创办人西泽明洋参与了"游中川"店铺的设计、"粹更"品牌的系统

○ 中川淳. 中川政七商店的品牌打造术：看一家小店如何让日本企业竞相膜拜 [M]. 刘向洁, 译. 台北：行人文化实验室, 2018：105.

设计，折形设计研究所参与了包装设计，设计师小泉诚参与了"粹更"店铺设计，好设计公司创始人水野学参与了"中川政七商店"品牌的系统设计。这些借用外脑的方法，大大提升了中川政七商店的品牌价值和水平。

一般老字号都有传承的配料和工艺秘方，因此过度依赖这些秘方生存和发展，最终产品特色消失而面临困境。中川政七商店没有传承的配料和工艺秘方，靠创新的产品设计取得成功，这给诸多老字号复兴提供了宝贵的启示，产品设计和产品设计师比产品配比和工艺秘方更加重要。一个最为典型的例子，就是"粹更"的代表性产品花巾由麻制的蚊帐布设计而来。边长58厘米的正方巾，有多种色彩和花瓣图案，作为包裹布、盖布、抹布等，吸水性好，又耐用。仅仅通过简单和精巧的设计，就开拓了很大的市场领域，并成为中川政七商店长期畅销的商品。这个逻辑是中川政七商店从长寿跨进长青之门的重要举措，也是老字号复兴的可借鉴之路。正如中川淳所言："原本连一件有技术㊀做支撑的商品都拿不出来的中川政七商店，能够这样成长起来直到今天，那么其他工艺厂商也一定能够效仿。要是还有技术力量，就一定能够成长为更加强有力的公司和品牌"。㊁

2）信息资源向关键流程倾斜。中川淳2002年刚刚回到中川政七商店工作时，经营管理带有很大随意性，未进行单品管理，缺乏

㊀ 指独门的工匠技术。
㊁ 中川政七. 工艺制胜：三百年老店的绝地反弹之道[M]. 南浩洁，译. 上海：东方出版中心，2019：69.

生产计划，各个事业部收支不清。为了解决这个问题，中川淳为中川政七商店建立了相应的信息系统，保证单品管理的实现，避免过去常常出现的"畅销品生产不足，滞销品大量生产"的窘境。拥有8家店铺的时候，还凑合着使用普适化的信息系统；超过8家店铺之后，专门开发了针对零售业务的信息系统。对此，中川淳曾经评价道："支持着我们公司超低科技的商品制作，背后其实是'彻底的IT管控'，从生产管理到渠道、店铺营运……乃至全面的营运系统，因此我们才能以实惠的价格提供给顾客多种细腻手工制作的少量商品"。⊖ 显然，信息系统的建设为提供"美物"做出了直接的贡献。

3）组织资源向关键流程倾斜。组织是实施品牌战略的主体，也是与顾客接触的行为主体，因此组织资源的整合必须为关键流程正常和有效运行做出贡献。在该阶段，中川政七商店首先建立了全公司的组织文化，具体包括愿景、心法和行为准则，共同为振兴传统工艺做贡献，这部分内容已在前面说明，这里不再赘述，核心还是使命和愿景美好，语为心声，言行一致和追求完美；其次开始探寻品牌经理制度，这在中川淳2008年出版的《奈良小企业在表参道开店的历程》一书中有所体现。中川淳认为，品牌经理是制定所有部门关于品牌的各种策略并监督实施的人，这些策略包括品牌的商品策略、质量管理、店铺开发、促销企划、经营策略等，每一个品牌都应该有一位品牌经理，或是位居所有职能部门之上，或是位居各个职能部门之下，属于复合型人才，需要重点培养，他们是与

⊖ 中川淳. 中川政七商店的品牌打造术：看一家小店如何让日本企业竞相膜拜[M]. 刘向洁，译. 台北：行人文化实验室，2018：96.

设计师同等重要的人才。在长青营销模式的复制阶段，中川政七商店正式推出了品牌经理制度。

另外需要说明的是，在这个变革阶段，中川政七商店的名义继承人和社长都还是中川淳的父亲中川严雄，中川淳2008年才接任社长一职，2016年才成为第十三代继承人。中川政七商店变革的启动、实施主要是由中川淳领导，其成功除了父亲的放权以外，还有一个非常重要的原因，就是中川淳继承了前辈的优秀特质——"传承祖业、永不放弃、顺势创新和追求完美"。这些特质既是其父亲放权的原因，也是中川淳变革成功的原因。中川淳曾经谈道，按照该有的程序一步一步做，必定能够开启一条道路。的确，必须变革的地方可能还有很多，改变也需要力量。可是，我们决不能放弃……就算是为了那些因为信任而愿意跟随的人，我们都要竭尽所能地努力下去。⊖

中川政七商店跨进长青之门的营销模式

通过梳理中川政七商店的变革历史，探索其跨入长青之门的关键原因，我们归纳出中川政七商店长青的营销模式。

1. 中川政七商店跨进长青之门的变革轨迹

前面我们回顾了中川政七商店7年（2002～2009年）的变革历史，由于实施了品牌发展战略，其销售额和利润额都有大幅度的

⊖ 中川淳. 中川政七商店的品牌打造术：看一家小店如何让日本企业竞相膜拜 [M]. 刘向洁, 译. 台北：行人文化实验室, 2018：222.

增长，完成了从长寿公司向长青公司的转变。在这个阶段，中川政七经历了"游中川"零售专柜阶段、"粹更"产品品牌阶段、品牌支撑系统建立阶段和"游中川"零售品牌阶段，各个阶段的发展特征见表3-1。该阶段发展的核心是创建和完善长青的营销模式，表3-1中的"持续时间"是开始创建的时间，后来实施和完善的时间相对要长得多，这种时间标示仅是为了体现中川政七商店变革的节奏，其实品牌设计和零售呈现二者是交替进行的。"游中川"零售专柜阶段，是尝试通过零售专柜的形式，提升"游中川"的品牌形象；"粹更"产品品牌阶段，是探索产品品牌的设计模式，以及通过自建独立零售店铺进行推广的模式；"游中川"零售店铺阶段，是探索零售品牌的设计模式，以及产品品牌和零售品牌的融合模式。

表3-1　中川政七商店8年（2002～2009年）的变革历史特征

发展阶段	"游中川"零售专柜阶段	"粹更"产品品牌阶段	品牌支撑系统建立阶段	"游中川"零售品牌阶段
持续时间	2002～2003年（2年）	2003～2006年（4年）	2006～2007年（2年）	2008～2009年（2年）
家族继承	第十二代（2002年中川淳进入企业）	第十二代	第十二代	第十二代（2008年中川淳就任社长）
主要业务	布品、茶品、礼品等工艺品的设计、制作、批发和零售	布品、茶品、礼品等工艺品的设计、制作、批发和零售	布品、茶品、礼品等工艺品的设计、制作、批发和零售	布品、茶品、礼品等工艺品的设计、制作、批发和零售
继承业态	产品设计、批发店铺	产品设计、批发店铺、零售专柜	产品设计、批发店铺、零售专柜、产品品牌系统	产品设计、批发店铺、零售专柜、产品品牌系统
创新业态	零售专柜	产品品牌	品牌支撑系统	零售店铺品牌、咨询服务

2. 中川政七商店跨进长青之门的营销秘密

通过该阶段的变革实践,中川政七商店形成了长青的发展模式,中川淳对此进行了相应的思考和归纳,我们则从营销管理的视角归纳为长青的营销模式。

1)中川淳提出的长青的战略模式。这个模式的提出,是基于日本战略学者楠木建在《战略就是讲故事:打造长青企业核心竞争力》一书中提出的"致命传球"思想。该思想认为,企业长青需要保持长期竞争优势,而保持长期竞争优势取决于抓住空隙的"致命传球",以及由此形成的战略经营模式。中川淳认为,该阶段中川政七的变革或转型成功,就在于完成了"开设直营零售店和进行咨询服务"这两记"致命传球",以及与其匹配的思维方式、具体实践等战略模式的构建。因此他在2010年提出了中川政七商店"致命传球"图⊖(见图3-8)。圆形框为战略目标和思维方式,菱形框为两记"致命传球",方形框为具体的实施步骤。

这幅战略模式图部分呈现了中川政七商店从长寿跨入长青门槛的逻辑,例如秉承"振兴传统工艺"和"从售物到品牌塑造"的两种思维,拓展"开设直营店铺"和"为工艺品厂商提供咨询服务"的两记"致命传球"业务,并根据"两种思维"和两记"致命传球"进行企业行为的设计与安排。但是,这个模式也有一定的局限性,并没有清晰地呈现思维之间、"致命传球"之间,以及部分具体行

⊖ 中川政七. 工艺制胜:三百年老店的绝地反弹之道 [M]. 南浩洁,译. 上海:东方出版中心,2019:106-107.

为之间的逻辑关系。

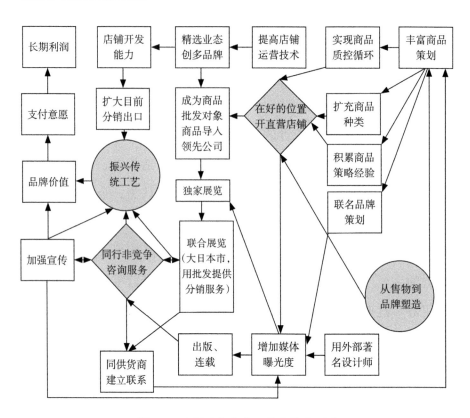

图 3-8　中川政七商店"致命传球"图

2）我们提出的长青营销模式。通过前面的分析，并参考图 3-8 的一些内容，我们大体可以得出中川政七商店转型的战略逻辑：在"振兴传统工艺"使命的驱动下，决定振兴自己的品牌和帮助同行伙伴公司振兴，因此需要进行"从售物到品牌塑造"的转型，这个转型的核心是探索差异化品牌形象的形成模式，然后在自有商品、自有店铺，以及在接受咨询服务的同行伙伴中进行复制。在该阶段，中川政七商店通过探索产品品牌的营销模式和零售店铺品牌的营销模式，形成了公司或品牌的长青营销模式。

第一，"粹更"产品品牌成功的营销模式。基于前面的分析，我们可以将其概括为以下内容：秉承了"振兴传统工艺"的使命，确立了"实现利益相关者利益"的经营目标，选择了"有日本礼品需求的群体"为目标顾客，明确了相应的营销定位点（属性定位点为美物——日本礼品，利益定位点为愉悦感，价值定位点为幸福感），确定了以"美物——日本礼品带来的愉悦"为核心的营销组合模式（"1+5"模式，产品美而令人愉悦，服务、价格、店址、店铺环境和传播达到不低于行业平均水平或顾客可接受水平，并为美物愉悦感做出贡献），构建了为保证产品美而令人愉悦的设计和零售的关键流程，依关键流程进行企业（人力、信息和组织）资源的整合，其中组织资源主要涉及继承人特征（传承祖业、永不放弃、顺势创新和追求完美）、组织的价值观（语为心声、言行一致和追求完美），以及人力、信息和组织向关键流程的倾斜。我们把这些内容回归到逻辑营销框架，就可以得出"粹更"产品品牌成功的营销模式（见图3-9）。

第二，"游中川"零售店铺品牌成功的营销模式。基于前面的分析，我们可以将其概括为以下内容：秉承了"振兴传统工艺"的使命，确立了"实现利益相关者利益"的经营目标，选择了"有麻布美物需求的群体"为目标顾客，明确了相应的营销定位点（属性定位点为美物——日本麻布品，利益定位点为愉悦感，价值定位点为幸福感），确定了以"美物带来的愉悦"为核心的营销组合模式

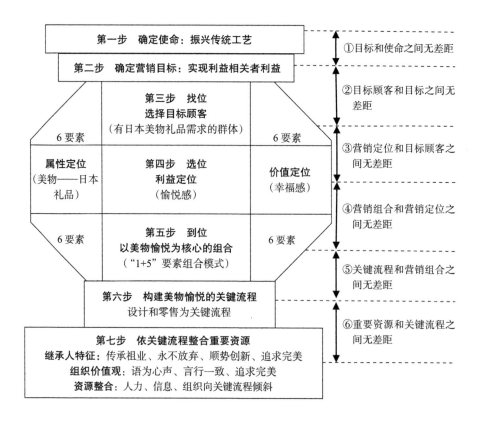

图3-9 "粹更"产品品牌成功的营销模式

("1+5"模式,产品美而令人愉悦,服务、价格、店址、店铺环境和传播达到不低于行业平均水平或顾客可接受水平,并为美物愉悦感做出贡献),构建了为保证产品美而令人愉悦的设计和零售的关键流程,依关键流程进行企业(人力、信息和组织)资源的整合,其中组织资源主要涉及继承人特征(传承祖业、永不放弃、顺势创新和追求完美)、组织的价值观(语为心声、言行一致和追求完美),人力、信息和组织向关键流程倾斜。我们把这些内容回归到逻辑营销框架，就可以得出"游中川"零售店铺品牌成功的营销模式（见图3-10）。

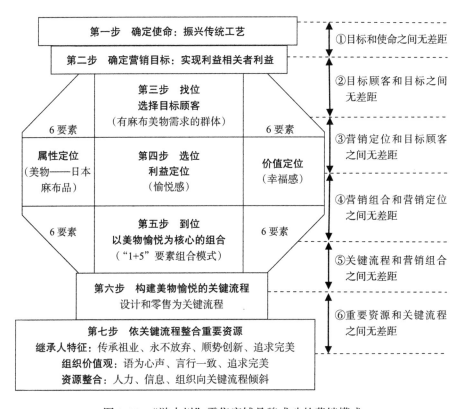

图3-10 "游中川"零售店铺品牌成功的营销模式

第三，中川政七商店长青的营销模式。中川政七商店通过"粹更"产品品牌和"游中川"零售店铺品牌营销模式的探索，最终形成了品牌长青的营销模式。具体可以概括为以下内容：秉承了"振兴传统工艺"的使命，确立了"实现利益相关者利益"的经营目标，选择"对传统工艺美物有需求的群体"为目标顾客，明确了相应的营销定位点（属性定位点为传统工艺美物，利益定位点为愉悦感，价值定位点为幸福感），确定了以"美物带来的愉悦"为核心的营销组合模式（"1+5"模式，产品美而令人愉悦，服务、价格、店址、店铺环境和传播达到不低于行业平均水平或顾客可接受水平，并为美物愉悦感做出贡献），构建了为保证产品美而令人愉悦的设计和零售的关键流程，依关键流程进行企业（人力、信息和组织）资源的整合，其中组织资源主要涉及继承人特征（传承祖业、永不放弃、顺势创新和追求完美）、组织的价值观（语为心声、言行一致和追求完美），以及人力、信息和组织向关键流程的倾斜。我们把这些内容回归到逻辑营销框架，就可以得出中川政七商店长青的营销模式（见图3-11）。具体内容包括：

- **使命**，振兴传统工艺；
- **营销目标**，实现利益相关者利益；
- **目标顾客**，有工艺美物需求的群体；
- **营销定位**，属性定位为传统工艺美物，利益定位为愉悦感，价值定位为幸福感；
- **营销组合**，以传统工艺美物和愉悦感为核心的营销组合模式（"1+5"模式，产品为工艺美物，服务、价格、店址、店铺环境和传播达到不低于行业平均水平或顾客可接受水平，同时为顾客的愉悦和幸福感做出贡献）；
- **关键流程**，为保证产品是工艺美物并使顾客获得愉悦感的产品设计和零售流程；

- **资源整合**，围绕设计和零售流程进行资源整合，其中组织资源主要是企业文化资源，涉及继承人特征（传承祖业、永不放弃、顺势创新和追求完美）和组织的价值观（语为心声、言行一致和追求完美）。

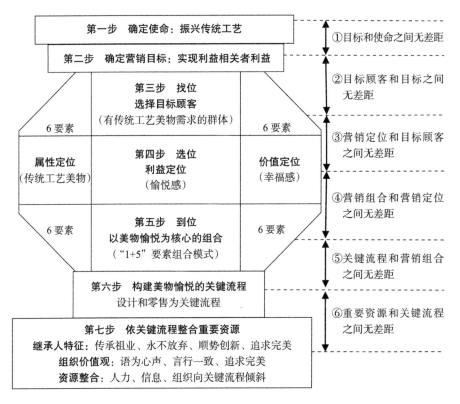

图 3-11 中川政七商店长青的营销模式

从长寿跨进长青的门槛，需要从长寿的营销模式转型为长青的营销模式。转型的主要内容是：①使命由"继承祖业"调整为"振兴传统工艺"；②目标由"永续经营"调整为"实现利益相关者利益"；③目标顾客由"关注传统工艺好物的群体"调整为"关注传统工艺美物的群体"；④营销定位的属性定位由"好物"上升为"美物"（精心进行艺术化设计和匠心制造），并增加了利益定位（愉悦感）和价值定位（幸福感）；⑤依突出定位的营销组合模式，将原有"采购和制造"的关键流程，调整为"设计和零售"，更加关注精心设计和匠心制作"美物"，资源层面形成"语为心声、言行一致、追求完美"的组织文化。

中川政七商店长青营销模式创建阶段大事记（2002～2009年）

- 2002年　1月，28岁的中川淳入职家族企业中川政七商店，负责麻品事业部的经营，而后进行了一系列的变革。
  6月，"游中川"以零售专柜的形式进入东京伊势丹百货商店新宿总店。
- 2003年　"游中川"以零售专柜的形式进入东京玉川高岛屋百货商店，"游中川"品牌影响力增加，此时"游中川"被等同于中川政七商店。
  11月，参加日本家纺展览会，新品牌"粹更"正式发布，预示着开启多品牌战略。
- 2004年　邀请西泽明洋创建的Sinato设计公司为"游中川"店铺室内和"粹更"品牌概念进行设计，提出了"新的日本之形"概念。
  完善"粹更"品牌，将形象转化为概念，与全体员工共享，向外界宣传。
  "粹更"品牌参加日本东京设计周展，但是没有达到预期效果。
- 2005年　"粹更"被邀请进入表参道之丘开设直营店，进驻该建筑的厂商共80家左右，中川政七商店接受邀请，并且着手准备。山口信博领导的日本折形设计研究所为"粹更"店铺品牌概念和周边平面标识进行了全面设计，确定折形包装。拥有自己工作室的小泉诚设计师负责店铺的室内陈设设计。泷本玲女士推荐了店长人选。解决了零售店铺经营的三个要素：周边备品的平面设计、室内陈设和销售人员。"粹更"品牌概念明确为"日本的礼物"。

"游中川"开启联名商品战略，即选择高度契合的制造商进行产品联合开发，以"游中川"品牌名称进行销售。第一个案例是"前光荣商店"的雨伞产品。由此衍生出"同业界、非竞争"业者合作的概念，为后来向"同业界、非竞争"业者提供咨询服务奠定基础。

改革人事制度，把兼职员工转正，在废除家庭补贴和住房补贴等一系列补贴的基础上，实施年薪制度。

- 2006年　2月，"粹更"旗舰店在东京原宿表参道之丘开业（2012年停止营业），同时举办"小小礼品展"，明确了"日本礼品"的特色，取得了成功。

  中川淳加深了"开设零售直营店铺对于传统工艺制造商创建品牌形象重要性"的认识。

  春天，商品管理、进出货物、财务会计等公司管理框架得到一定的建立和完善，与公司的零售业务发展相匹配，可以及时掌握进销存等情况。改善了业务流程和产品管理，为后来的发展奠定基础。

  第二事业部实现了扭亏为盈。

- 2007年　总店铺数量达到15家。

  制定中期经营计划书，明确提出"要振兴从事传统工艺的厂商和零售商"。

  提出十大"心规"：要端正、要诚实、自豪感、有品位、向前看、坚持走、有自信、尽全力、要谦虚、要享受（工作）。

  提出三大工作准则：关怀、美感、积累。基于对方的感受、自己的意识和工作的积累三个维度。

  举办第一届"政七祭"（公司年会），主题为"纽带"，以后每年一次，全体员工欢聚一堂。

遇到"承诺为国产品未兑现"的诬陷投诉危机，但及时化解。尽管是境外提供原材料、国内进行生产，但从未承诺为国产品。

- 2008年　2月，34岁的中川淳就任中川政七商店株式会社社长，统管全部经营，包括原有负责的第二事业部（"游中川"和"粹更"品牌）和新增加的第一事业部（茶品部）。

3月，中川淳撰写的中川政七商店复兴的故事，开始在《日经设计》杂志连载。

4月，迎来第一期应届毕业生员工，开启了应届毕业生的人才引进通道，为未来发展提供了人才保障。

11月，中川淳著述并出版了《奈良小企业在表参道开店的历程》一书，明确提出"为日本传统工艺的业者和零售店铺注入活力"的愿景，以及发展联名商品、为业界提供咨询服务的落地措施。

花布手巾荣获"日本优良设计奖"金奖。

邀请设计师水野学对"游中川"品牌进行系统设计，涉及商标、购物袋、商店名片等，以迎接"游中川"品牌诞生25周年（2010年）。设计添加了双鹿图案的"游中川"新商标。

明确公司愿景为"振兴传统工艺"。

开始设计和建设新的办公大楼。

- 2009年　3月，"游中川"东京中城店开始营业。

从2006年12月至2009年3月，营销额实现连续28个月增长。

5月，启动向非竞争性同行提供品牌创建和分销的咨询服务，第一个咨询项目是为长崎县波佐见町的陶瓷制造批发商丸广（Maruhiro）公司提供创建HASAMI品牌的咨询服务，效益增加明显。

11月19日，在"游中川"总店开设"中川政七茶房"，顾客在120年的町屋雅致的空间中，品味大和茶、和果子等，也可以选购诸多的茶具商品。该茶房在2014年初处于停业的状态，2018年又以"茶论"品牌重新亮相。

第4章

第三阶段：中川政七商店长青营销模式的复制（2010～2020年）

中川政七商店在成功推出"粹更"品牌（2003年）和二次提升"游中川"（2008年）品牌之后，积累了品牌发展及复制的经验，也认识到多品牌发展的益处，从2010年开始向更多的品牌拓展。"游中川"初创时是店铺品牌，销售多种品牌的商品，"粹更"为产品品牌，也用于专售"粹更"品牌的店铺，前者被称为综合品牌，后者被称为产品品牌。在上一阶段（2002～2009年），中川政七商店创建并完善了产品品牌和店铺品牌的营销模式，并形成了可以复制的长青营销模式，包括顾客层面、流程层面和资源层面三个方面的内容。本章我们按照历史脉络和品牌复制的轨迹，客观地梳理中川政七商店的发展之路，然后再进行归纳和总结，以探索出中川政七商店成功复制长青营销模式的机理和规律。

综合品牌复制（1）：创建"中川政七商店"品牌
（2010～2020年）

综合品牌的复制，是建立在"游中川"营销模式基础之上的。换句话说，"中川政七商店"和"日本市"综合品牌的推出，是对"游中川"长青营销模式复制的结果。这里需要说明的是，中川政七商店在前两个发展阶段一直是公司名称，并没有作为产品或店铺品牌推出，在第三个阶段开始作为品牌推出。为了与公司名称相区别，作为品牌名称出现时，我们用"中川政七商店"（即加上引号）来表示。

1."中川政七商店"品牌的创建（2010年）

中川淳2008年邀请著名设计师水野学先生为"游中川"品牌设计购物袋时，水野学先生认为仅凭购物袋并不能增加顾客的购买额。通过对中川政七商店进行调研，他提出了一个比较系统的改进方案。水野学先生认为，中川政七商店拥有三百年的历史很难得，所在的古城奈良也很迷人，但是中川政七商店并没有充分利用好这两个宝贵的资源，反而认为这两点会让人感觉老气而有意回避，仅仅推出了更具现代感的"游中川"和"粹更"两个品牌。因此，他建议中川淳推出中川政七商店的品牌，即将公司的名称作为商品和店铺品牌推出。听到这个建议，已经具有品牌发展经验的中川淳，深刻理解并很快实施。经过两年左右的准备，也就是在"游中川"

品牌25周年纪念的2010年,"中川政七商店"正式成为公司的第三个综合品牌,首先使用在了商品上,后来也用在店铺上。图4-1为水野学为"中川政七商店"品牌设计的商标。

图4-1 "中川政七商店"的商标

对于建议中川淳推出"中川政七商店"品牌,水野学在《从卖到大卖:水野学的品牌设计讲义》一书中的解释是:中川政七商店已有的"游中川"和"粹更"两个品牌涉及的领域都是温馨日式杂货,竞争非常激烈,持续地扩大市场规模难度很大,要寻求企业进一步发展,必须推出新的差异化品牌,这个新品牌最好能体现三百年老店和奈良古城的传统,而将中川政七商店这一公司名称作为诉求"日本生活"的品牌,可以实现与流行的"日式杂货风"差异化。

中川淳则在《工艺制胜:三百年老店的绝地反弹之道》中解释道:"游中川"品牌突出的是传统麻布工艺与现代生活相匹配,"粹更"品牌突出的是"日本礼品",而"中川政七商店"品牌则是突出日本日常生活用品,诸如线香钵、鞋拔子、纸巾包和洗浴套装等。这三个品牌在各自细分市场领域占有一席之地,就可以促进公司整体品牌价值的提升和销售额的增长。

"游中川"的品牌特色在于"日本布料",目标顾客为中高收入的家庭主妇,满足她们对传统工艺品的需求;"粹更"的特色在于"日本礼品",目标顾客为中高收入的人群,满足他们赠送礼品的需求;"中川政七商店"的特色在于"日本生活",目标顾客为各类收入人群,满足他们对日常生活用品的艺术化需求,让人们在使用中体会到功能上的舒适和视觉上的美观,在享用先辈智慧成果的同时,可以长久地珍惜并使用这些物品。

可见,"中川政七商店"品牌复制了"游中川"品牌的基本营销逻辑和已经形成的长青营销模式,延续了"振兴传统工艺"的使命和实现利益相关者利益的目标,有清晰的目标顾客和营销定位选择,以及突出营销定位的营销组合、关键流程构建和重要资源整合。最终,形成了"中川政七商店"品牌的营销模式。

2."中川政七商店"品牌的复制

2010年,中川政七商店正式推出了"中川政七商店"品牌的商品,2013年,名为"中川政七商店"的店铺在东京表参道开业。至此,标志着"中川政七商店"品牌的营销模式形成,接下来开始将这一营销模式复制给更多"中川政七商店"品牌下的商品和店铺,并在复制过程中进行一定的创新。对于创新的业态,使命、目标、营销定位没有改变,而是目标顾客更加聚焦,并在营销组合等方面进行了一定的创新。

例如,2017年4月20日"中川政七商店"在东京银座地区最大规模的商业设施GINZA SIX中开业。GINZA SIX面积约4.7万平方米,有241个品牌入驻,具有艺术性和时尚性相结合的特点,屋顶设有花园,店铺包括茑屋书店、星巴克咖啡店、草间弥生艺术衍生品店、山田平安堂瓷器店等,以及其他时尚、美食、文学、艺术、设计等品牌。位于该处的"中川政七商店",与这些品牌相融合,在基本复制商店原有营销模式的基础上,在风格上更加体现艺术和时尚感,满足文艺青年购买工艺纪念品及礼品的需求,除了经典商品之外,还有限量版的手工麻布阳伞、鹿皮手包、九谷烧和波佐见烧的瓷器等(见图4-2)。

图4-2 位于东京银座GINZA SIX的中川政七商店

又如，2019年11月位于东京涩谷的"中川政七商店"店铺开业，在"SHIBUYA SCRAMBLE SQUARE"的11层，店铺面积为130坪（约为430平方米），汇集了全日本800多个品牌的4000种商品（见图4-3）。该店也是复制了"中川政七商店"店铺的基本营销模式，但商品结构和陈设具有自己的特征，比如销售不同于其他分店的特殊工艺品，还有体现涩谷本地形象的工艺品。店内动线设计模仿奈良城镇棋盘式交织的特征，走进店面，仿佛踏进奈良寺院的参拜道路。

图4-3 位于涩谷的中川政七商店

再如，2020年春，在奈良县会议中心Convention Center商业设施中，"中川政七商店"与茑屋书店联合开启了生活用品、图书、咖啡等组合的新业态，生活用品与相关的图书融合陈列，让顾客在选购工艺日用品的同时，还可以通过图书了解其中的奥秘和魅力（见图4-4、图4-5）。这些都说明，"中川政七商店"在复制营销模式的基础上，进行了陈列和功能等方面的创新。

图 4-4　在奈良与茑屋书店在一起的中川政七商店

图 4-5　中川政七商店商品与茑屋书店相关书籍融合陈列

2020年，中川政七商店在东京JR东日本最大的站内商场"Gransta 东京"开设了第一家服装专卖店，店名为"中川政七商店 分店 服"，专门经营传统优良工艺的麻布及麻布制品，陈列有大约750件服饰品（见图4-6）。该店的理念为"衣服与生活，衣服与生活方式"，通过衣服的选择实现自己的生活和生活方式，通过衣服的长久穿着使麻布跟自己的肌肤产生舒适和亲密之感。这个商店在本质上也是对"中川政七商店"品牌营销模式的创新性复制。

图 4-6　中川政七商店第一家服装店

综合品牌复制（2）：创建"日本市"和"仲间见世"品牌（2013～2020年）

"日本市"和"仲间见世"两个品牌推出的背景与中川政七商店"振兴传统工艺"的使命息息相关。中川淳发现，诸多日本工艺品老字号面临困境，同时旅游景点的纪念品又是千篇一律，没有特色，大多集中于食品，游客的选择范围非常狭小，因此决定在厂商、零售商和游客之间搭建一个桥梁。

1. "仲间见世"品牌的创建和复制（2013～2020年）

"仲间见世"是多方合作的店铺品牌，中川淳将其称为"日本市策划"。实际上，它不像是店铺的招牌，而是中川政七商店公司内部对联合打造的"当地优秀伴手礼伙伴店铺"的称呼。这些伙伴店铺的名称并不叫"仲间见世",而是以所处的地区为店铺的名称。例如开在函馆的店铺,店铺招牌就是"函馆",开在镰仓八座的店铺,店铺招牌就是"镰仓八座"等。

1)"仲间见世"品牌的创建。从需求方面看,2010年之后,日本国内外旅游者迅速增加,旅游的地点渗透到日本各个城市和乡村,这些旅游者有着强烈的购买旅游地土特产品的需求。从供给方面看,这些需求并没有得到很好地满足。尽管销售旅游工艺礼品的店铺很多,但是所售商品千篇一律,质量较差,设计平庸,缺乏美感,并且各个零售店铺都是从批发商处进货,批发商向工艺厂商订货,用批量压低价格,这导致工艺礼品的制造、批发、零售都陷入低档次、低利润、低销售的循环,加之食品部分占土特产礼品销售额的80%,这使工艺品制造商和零售商的发展面临困难。中川淳认为,日本土特产礼品市场规模在36 000亿日元(约合2180亿元人民币),将非食品部分销售额增加到50%,就有18 000亿日元的规模,因而可以通过工艺品开发、在旅游地开设土特产礼品店铺等措施,为振兴传统工艺做出贡献。

2013年9月,伴手礼品伙伴店铺"仲间见世"1号店在太宰府开业。虽然选择的店铺是合作店铺,但是仍然复制了"游中川""中川政七商店"品牌的基本营销逻辑,延续了"振兴传统工艺"的使命和实现利益相关者利益的目标,有清晰的目标顾客(旅游者)和营销定位(超期望的工艺礼品、愉悦和幸福)选择,以及突出营销定位的营销组合、关键流程构建和重要资源整合。最终,形成了

"仲间见世"品牌的营销模式。

中川淳在《工艺制胜：三百年老店的绝地反弹之道》一书中说："我们会向厂商提供商品策划和设计，请他们生产能够成为好的伴手礼的工艺品，由中川政七商店进行收购，再批发给伴手礼品店铺。对于伴手礼品店铺，我们为其提供的不仅限于原创商品的开发，还包括关于促销和运营店铺的策略等。以合适的价格收购合适数量的产品，由此，厂商可以将生产伴手礼作为一项业务发展下去，伴手礼店铺也无须承担库存风险，就能实现吸引顾客、提升销售额的效果。当然，游客们也能购买到每个地区独特的、地道的伴手礼。销售一方、生产一方和来访的一方，围绕着伴手礼的三方，能够通过中川政七商店搭的一把手，变得幸福一点点。这就是'日本市'策划。"⊖图 4-7 清晰地呈现了中川政七商店、当地的工艺品厂商、当地伴手礼店铺、游客四方之间的关系。

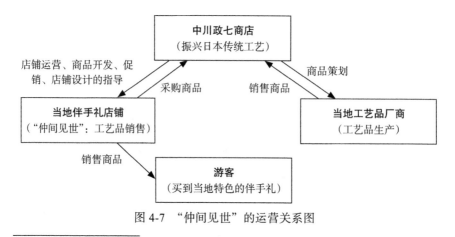

图 4-7 "仲间见世"的运营关系图

⊖ 中川政七. 工艺制胜：三百年老店的绝地反弹之道 [M]. 南浩洁，译. 上海：东方出版中心，2019：148-149.

2）"仲间见世"品牌的复制。通过第一家"仲间见世"店铺形成相应的营销模式之后，中川政七商店开始对其进行复制。这种复制主要是复制"仲间见世"店铺营销模式的逻辑，以及使命、目标、目标顾客、营销定位、关键流程和重要资源整合等方面，但是营销组合策略的具体内容会有所不同。复制的范围是由营销模式决定的，自然是旅游者经常光顾的地区或景点，以及相对比较聚集的场所，例如旅游城市的热门景点处、机场、车站等。按着这个设想，中川政七在太宰府（2013年9月）开设第一家店铺之后，又在出云（2014年4月）、金泽（2015年3月）、丰冈（2015年7月）、函馆（2015年12月）、伊势（2016年4月和12月两家店）、镰仓（2017年3月）等地开设了店铺。之后，这种类型店铺逐渐增加。中川淳表示，要在10年内将"仲间见世"的店铺数量发展到100家。

2."日本市"品牌的创建和复制（2013～2020年）

尽管中川淳在2013年开启的是"仲间见世"合作伙伴计划模式，但是通过地方土特产礼品的经营，振兴传统工艺的项目被称为"日本市"项目，这为"日本市"品牌的创建奠定了基础，几乎与此同时就有了"日本市"品牌标志及店铺。

1）"日本市"品牌的创建。中川政七商店将"仲间见世"和"游中川"的营销模式复制到直营店中，创建了一个新的综合品牌——"日本市"，并于2014年在奈良开设店铺（见图4-8）进行探索和磨合。

图 4-8　位于奈良的"日本市"店铺

店铺内采用富士山型吊灯，与品牌标志相呼应，凸显振兴传统工艺的使命。货架类似于传统屋台，陈列着各种各样的地方特色工艺品。有顾客曾经描述道：占卜小鹿被轻松地堆在竹筐里、Lisa Lason 合作款的花布巾代替了墙纸，当地果园出产的果酱是农家自制的朴素包装、略贵的"一刀刻"木雕则在玻璃柜里散发着高级感——鲜明色彩和自由生长的地域特色在这里相处融洽，每件产品都能在这里找到让自己闪闪发光的小天地（见图4-9）。

目前，中川政七商店在奈良拥有"游中川""中川政七商店"和"日本市"三大综合品牌的店铺，各自有着不同的目标顾客（年轻女性、家庭主妇和旅游者）和属性定位（超越期望麻布制品、家居用品和地方土特产品），而利益定位（愉悦）和价值定位（幸福），以及使命（振兴传统工艺）和目标（利益相关者利益）都是相同的，体现出营销模式复制的结果。

图4-9　位于奈良的"日本市"店铺的内部陈列

中川政七商店官方对于"游中川""中川政七商店"和"日本市"三个综合品牌的业务和特征有着清晰的界定,形成了差异互补的品牌结构(见表4-1)。[一]中川淳曾经将三者简单概括为:"游中川"突出日本布料工艺,"中川政七商店"强调日常生活用具,"日本市"彰显日本地方土特产品。

"日本市"的品牌标志,由富士山及山顶升起的太阳组成,隐含着振兴日本传统工艺的使命。它和"仲间见世"在本质上相似,目标顾客都是旅游者,也都提供土特产品,但是也有着明显的区别。一是"日本市"常常聚集全国范围内的地区特色商品,而"仲间见世"主要汇集各分店所在地区的特色商品。二是"日本市"是中川政七商店自办的店铺,"仲间见世"为合作伙伴开办的店铺。

[一] 中川政七商店. 日本风俗小物:百年老铺传承的生活智慧[M]. 颜衡晟,译. 桂林:广西师范大学出版社,2019:130.

表 4-1　中川政七商店公司三大综合品牌特色比较

品牌名称	游中川	中川政七商店	日本市
品牌标志			
品牌特色	以"温故知新"为根本理念，重视产品品质，提出根植于家和生活、兼顾美观与实用的生活用具概念，从器皿、厨房用具到时装、文具等，各种实用产品一应俱全	以"日本布"为概念，将日本自古传承至今的素材、技术、设计与现代时尚相结合。对从服装到披肩、箱包等一系列时尚物品，提出了整套造型风格规划	以"日本土特产"为概念，介绍全国各地的特产、工艺品，收集符合当地特有主题的有趣商品。该品牌的目标是在土特产业界树立"自产自销"模式

"日本市"着眼于全国土特产品的经营，通常每月会推出一款日本某个地区的特色产品，但只在部分店铺有售，有些还是限量版。比如2018年2月推出的是大阪的地方零食菠萝糖果，包装的零食袋也是大阪出名的染色工艺。3月推出的则是福冈的梅花系列包袋，以福冈太宰府天满宫的梅花作为描绘纹理的依据，在赏樱的季节，提醒人们初春的梅花一样的美丽。

可见，"日本市"延续了"振兴传统工艺"的使命和实现利益相关者利益的目标，有清晰的目标顾客（旅游者）和营销定位（超期望的工艺礼品、愉悦和幸福）选择，以及突出营销定位的营销组合、关键流程构建和重要资源整合。因此形成了"日本市"品牌的营销模式。

2）"日本市"品牌的复制。在形成"日本市"品牌的营销模式之后，中川政七商店将"日本市"品牌在其他地区进行复制，基本逻辑没有变化，但是各家店铺的商品结构有一定差异；地点选择仍然是旅游地的游客聚集区，如旅游城市的商业区或机场等地。

例如，2015年春天中川政七商店在大阪知名购物商场LUCUA 1100开设了一家"日本市"店铺。富士山造型的品牌标志，红白直条纹相间的柜台，陈列着各种各样的乡土玩偶。特别是店内特制的黄色菠萝造型包装袋，内附有8颗畅销60年的菠萝水果糖，还有六个一组，长得像章鱼烧的扁舟小达摩，让人爱不释手。

又如2018年9月中川政七商店在东京日本桥高岛屋S.C.新馆一楼内，开设了一家"日本市"店铺，这家店铺既保留着"日本市"本身的特色，也凸显了所在地区——日本桥的传统元素。店铺内天花板悬吊灯饰的造型，象征富士山顶升起太阳，呈现了品牌标志的图形和寓意（见图4-10）。

图4-10 位于东京日本桥的"日本市"店铺的吊灯

由于店铺所在的日本桥是江户时代"五街道"的起点，通往全日本，因此这家店铺就按着古时该地区的"某某道"及"某某路"分区，陈列出日本的土特产品（见图4-11）。这些土特产品每隔几周会更换主题，游客每次光顾店铺有可能看到很多不同的东西。

图4-11　位于东京日本桥的"日本市"店铺的内部陈列

未来，中川政七商店的"日本市"直营店，会不会取代合作伙伴店铺"仲间见世"呢？中川淳给予了否定的回答，他认为：地方土特产礼品是非常具有当地特色的东西，销售这些礼品的店铺应该由扎根本地、一直在本地做生意的本地人经营为好。⊖在这句话中"本地"一词出现了三次，"扎根本地""一直在本地做生意"和"本地人"，三者融合才会大大增加当地土特产礼品的趣味性和附加价值，产生更大的愉悦感和幸福感。

⊖ 中川政七. 工艺制胜：三百年老店的绝地反弹之道 [M]. 南浩洁，译：上海：东方出版中心，2019: 151.

产品品牌复制（1）："2&9""motta""花园树斋"等联合品牌的创建（2011～2020年）

中川政七商店为了实现"振兴传统工艺"的使命，在复制零售店铺品牌的同时，也大力进行产品品牌的复制，主要是与专业的手工艺制造商联合创建品牌。这些品牌包括"2&9"（袜子和内衣）、"motta"（手帕）、"kuru"（针织衫）、"花园树斋"（园艺）等。这些新品牌的共同特点是"设计感+优质制造工艺+实用"。以往的日常生活用品，更加强调实用性，常常会忽略艺术性和美感。中川政七商店开发的这些品牌的产品，都是经过精心设计的，造型、材质和工艺十分讲究，并且都融入了日本的传统和特色。比如富士山造型的筷架和书签，或者是绣有奈良鹿的小钱包和手提袋等。这些品牌既与人们的生活密切相关，又将实用和美感密切融合在了一起。

1. "2&9"袜子品牌的创建（始于2011年）

在本质上，"2&9"品牌的创建复制了已有"游中川"等产品品牌的营销模式。①秉承"振兴传统工艺"的使命。奈良是日本最大的袜子生产基地，日本大约40%的袜子来源于奈良的广陵町。20世纪60年代，由于外国品牌的冲击，中小袜厂由700多家减少到50多家。中川政七商店为了帮助奈良袜厂摆脱困境，振兴传统工艺，推出了"2&9"袜子的品牌。②确立实现利益相关者利益的目标，帮助奈良本地的袜子制造商生存和发展，委托御宫知靴下袜厂生产，该厂创建于1949年，仅有15台K式袜子编织机，袜子花纹种类多，不用胶水，穿着舒适，人工检验质量。中川政七商店会在袜子内部不显著位置印有一个小动物图案，这是代工制造商的标记，以表示对制造商的尊重，也会令制造商产生"造物"的荣誉感。③继续坚持"好物"（属性）、"舒适"（利益）和"幸福"（价值）的营销定位点。④采取以"好物"为核心的营销组合策略。从品牌和标志方面看，有故事。在2011年11月11日的"袜子日"推出了"2&9"袜子的品牌，名称来自奈良县的番号29（在日本47个都道府县中排列第29），凸显奈良的优质袜子的产地特征，标志将"2"和"9"分开又用"&"连接起来，表现出趣味和创意。2011年恰好是日本生产袜子100周年，"11月11日"的数字"1111"似两双竖立着的袜子。从产品性能方面看，为优质好物。袜子设计制造都在奈良本地完成，以双重弹力棉织成，不会滑落并且非常柔软，给人以舒适感，并且耐用。其宣传语为"不脱落，不紧束，不容易起毛球，让你一穿就爱上2&9的袜子"。采取较高又不离谱的价格策略，例如一双羊毛和安哥拉兔毛混纺长袜价格为2300日元（大约为150元人民币），这是为了证明"2&9"品牌的袜子是"好物"，给顾客带来愉悦感。中川政七商店会把袜子批发给其他零售商或在自己的"中川政七商店"和"游中川"等商店里进行销售（见图4-12）。

图 4-12　中川政七商店陈列销售的 "2&9" 袜子

2. "motta" 手帕品牌的创建（始于 2013 年）

在本质上，"motta" 品牌的创建复制了已有 "游中川" 等产品品牌的营销模式。①秉承 "振兴传统工艺" 的使命。手帕又称手绢，其出现早期主要是上流阶层人士使用，而后逐渐普及到大众。现代社会一次性纸巾和烘手器出现之后，手帕的使用逐渐减少，销售量一直处于下降的趋势，传统手帕制造行业受到影响。因此中川淳想通过推出手帕品牌来振兴这一传统行业。②确立实现利益相关者利益的目标，推出手帕品牌，委托传统工艺厂商进行生产，然后帮助他们推广和销售，尽量让渡利益给制造商，同时也给顾客提供优质的手帕。③继续坚持 "好物"（属性）、"愉悦"（利益）和 "幸福"（价值）的营销定位点。小小手帕，可以擦手、擦脸，可以擦去汗水和泪水，会给人精神上的抚慰。④采取以 "好物" 为核心的营销组合策略。从品牌和标志方面看，有故事。有些公司的手帕品牌是服饰品牌的延伸，而中川政七商店推出的这个品牌只用于手帕，有一个可爱的标识，设计了可放一块手帕的精美包装盒，以"小小手帕与你同在"为理念（见图4-13）。中川政七商店早在1925年参加巴黎世界博览会时，就曾经展出过麻制的手绣手帕，2008年为了纪念"游中川"成立25周年，2016年为了纪念建店300周年都曾经推出复制品，受到了热烈欢迎。从产品性能方面看，为优质好物。中川淳不认为人们不需要手帕了，而是人们买不到更加合适的手帕，市场上销售的手帕尽管印花很漂亮，但是吸水性差，同时需要熨烫。"motta"手帕品牌摒弃市场上流行的、成本低的印花手帕，提供棉麻质地、手工纺织、无须熨烫、吸水性良好、让人爱不释手又能够一直用下去的手帕。每个手帕的价格大约为80元人民币，为"好物"做注脚，同时也是顾客可以接受的水平。中川政七商店会把手帕批发给其他零售商或在自己的"中川政七商店"和"游中川"等商店里进行销售，有时还与"2&9"袜子进行合并包装，联合销售（见图4-14）。"motta"手帕上市第一年就获得了一亿日元（约合605万元人民币）的销售额。

图4-13 "motta"一款手帕及包装盒

图4-14 "2&9"袜子和"motta"手帕联合包装促销

3."花园树斋"园艺品牌的创建（始于 2016 年）

在本质上，"花园树斋"品牌的创建复制了已有"游中川"等产品品牌的营销模式。①秉承"振兴日本传统工艺"的使命。花艺和盆景，在日本都有着悠久的历史，也有着自己鲜明的特色，"花园树斋"品牌主要用于花植盆景产品，与"振兴传统工艺"的使命相匹配。②确立实现利益相关者利益的目标，中川政七商店联合日本著名园艺师西畠清顺联合创建，店铺不仅销售盆栽植物，还销售园艺用品，前者是西畠清顺擅长的，后者是中川淳的优势，二者结合，相得益彰，同时也给顾客带来独特的花植享受。③继续坚持"好物"（属性）、"愉悦"（利益）和"幸福"（价值）的营销定位点。④采取以"好物"为核心的营销组合策略。从品牌和标志方面看，有故事。西畠清顺根据四季变化为顾客精心挑选花草，以及相应的园艺杂货用品，每月都会亲自向顾客推荐一种植物。西畠清顺，是日本 150 年花艺老铺——"花宇"的第五代继承人，也是日本知名的"植物猎人"。植物猎人，是指那些不辞辛苦前往世界各地采集珍稀植物与药材的植物学家。西畠清顺，每年都要前往十几个国家考察、收集珍稀植物，也会将濒临死亡的植物运回日本进行抢救复活，这与中川政七商店"振兴传统工艺"有着异曲同工之处。目前，他收集了超过 3000 株珍稀植物，2011 年在日本建起了一座"天空植物园"，既是植物园，也是西畠清顺创办的植物咨询公司的名称，所在地也是该公司的办公场所。品牌标志由一幅植物简图和"花园树斋"品牌名称构成（见图 4-15）。中川政七商店会把园艺品批发给其他零售商或在自己的"中川政七商店"和"游中川"等商店里进行销售（见图4-16）。

图4-15 "花园树斋"的商标图案

图4-16 "花园树斋"品牌的花植和盆栽

产品品牌复制（2）：为非竞争同行提供品牌发展咨询服务（2009～2020年）

中川淳确立"振兴传统工艺"的使命之后，2009年开始为一些传统工艺品牌厂商提供咨询服务,帮助他们"造物",打造并提升自己的品牌。这不仅可以使使命落地,同时也可以更好地达成"实现利益相关者利益"的目标。在本质上,为非竞争同行提供品牌发展的咨询服务,就是复制中川政七商店探索出来的品牌创建的营销管理模式。除此之外,中川政七商店也向一些传统工艺商提供分销方面的咨询和服务,这是复制了品牌营销模式的部分内容。

1. 提供品牌发展的全面咨询服务

这是复制中川政七商店产品品牌的营销模式,将选择接受咨询服务厂商的已有品牌提升价值,或者帮助其创建新的品牌,接受咨询服务的品牌很快达到了20家(见图4-17)。我们列举两例进行说明。

图4-17　中川政七商店提供咨询服务的公司和品牌

1) MARUHIRO(丸广)有限公司(创建HASAMI品牌)。该公司成立于1957年,经营波佐见烧陶器产品,位于波佐见烧陶器产地长崎县波佐见町,拥有品牌"Syaretow",仅有6名员工。这是中川政七商店第一个提供全方位品牌咨询服务的对象，当时该公司处于濒临倒闭的状态。丸广公司社长马场干了解到"粹更"品牌的成功，委托中川淳提供咨询服务，时间为 2009 年 9 月至 2011 年 9 月，持续两年。

咨询内容：核心是创建新品牌和提升销售额至 1.5 倍，还要改善已有品牌，拓展产品销路，并且培养下一任经营者和管理者等。

咨询方法：主要是复制中川政七商店已经建立的产品品牌营销模式，推出一个新品牌，实现新品牌和旧品牌的双品牌策略。这里我们主要讨论新品牌"HASAMI"的创建方法，而忽略旧品牌 Syaretow 的改造（这个品牌后来恢复为创业时的品牌名称"马场商店"）。

第一，确定丸广公司的使命和愿景。继任者匡平先生提出"在波佐见打造一个聚集人流的咖啡馆＋电影院"的梦想，当时波佐见还没有电影院。这似乎跟窑制品陶器公司没有关系，但这是丸广继任者的梦想。

第二，确定品牌特质和商标。中川淳认为，匡平先生的梦想没问题，品牌就是连接现实和梦想的桥梁，只是新品牌不能仅仅是用于"窑制品"，而应该是体现波佐见地方特色的综合性文化品牌。为了体现是波佐见地域的综合性文化品牌，中川淳建议新品牌的名称为"HASAMI"（为波佐见的日文读音），品牌标志选择了剪刀图案加品牌名称的组合（见图 4-18）。对此，中川淳解释道，品牌名称"融合了波佐见的毅力、地名、工具（上釉时为了不留下指印所使用的上釉剪刀的名称）三个关键词，念起来音律感觉也很好，非它莫属。商标图案也决定了以上釉剪刀为灵感"。⊖为了体现综合性品牌的特性，为"HASAMI"品牌下的布制品、陶瓷制品和杂货品设计并注册了三种剪刀图案的标志，这些图案分别源自裁布的剪刀、上釉的剪刀和日常用的剪刀三种样式。

图 4-18 "HASAMI"的品牌标志

第三，确定差异化营销定位点。这方面潜移默化地复制了中川政七商店产品品牌的营销定位点，即"好物"的属性定位点，"愉悦"的利益定位点，以及"幸福"的价值定位点。定位点是在产品（窑制品）等方面，其他营销组合要素为非定位点所在位置。当然，这些不是中川淳明确提出来的逻辑，是我们从顾客感受角度分析得出的。

第四，依据使命和营销定位对营销组合四个要素进行规划。核

⊖ 中川淳. 中川政七再生老店记 [M]. 余亮闇, 译. 台北：天下杂志股份有限公司，2017：24.

心是为定位点做出贡献。在产品策略方面，考虑品牌调性（体现HASAMI特色）和市场性（容易销售）两个方面，列出的备选产品有荞麦汤汁小碗、马克杯、花盆三类，荞麦汤汁小碗的调性稍差、花盆的市场性不足，最后选择了马克杯作为上市主打产品，之后再向汤汁小碗、花盆等品类拓展。当时市场上没有可以摞在一起的马克杯，因此决定推出可以摞在一起的马克杯（见图4-19），质量和色彩达到好物的标准，体现地域文化。为了体现随性感，采用纸盒包装，商标图案则是用印章一个一个按上去的，虽然有些歪斜，但是符合品牌的随性感及朴拙美。价格一方面为"好物"和"随性"做出贡献，同时达到顾客可以接受的水平，考虑到摞在一起的特性可以带来多个购买的情景，确定了每个1500日元（约合90元人民币）的价格水平。在分销方面，为了尽快形成品牌影响力和获得理想利润率，突出好物的特色，放弃批发商分销形式（以免迎合批发商的要求，新品牌变为新产品），通过"大日本市"等展销会形式，直接卖给零售店铺。在传播方面，以参加名品展销会"Interior Life Style"为切入点，后来成为"大日本市"展销会的主要成员，同时制造具有传播力的产品类别话题。例如，公司曾经推出名为"鸳鸯夫妻"的荞麦汤汁小碗，一个为红色，一个为白色，各自绘有一只金箔鸳鸯（形成一对），共同被包装在一个桐木盒内。鸳鸯不仅代表爱情，还是丸广公司所在地长崎县的县鸟，会让顾客产生"丸广—长崎—鸳鸯—鸳鸯夫妻—婚礼礼品"的联想和谈资，最终成为热卖品。

第4章 第三阶段：中川政七商店长青营销模式的复制（2010~2020年） 99

图 4-19 可以摞在一起的"HASAMI"马克杯

第五，实施和控制。这里主要是根据"HASAMI"为地域综合性文化品牌的调性，设计产品（不断推出新产品和新品类，向时尚潮流品转型）、价格、分销和传播（主要是通过展销会向零售商销售和传播）等各项事宜，并且通过设计和制造流程、配送流程、销售流程等向顾客传递一致化的品牌形象。同时，在资金、人力资源和组织等方面进行匹配。比如，树立"HASAMI"综合性文化品牌的形象，在产品策略实施方面，就需要保持持续性和延伸性。为了保持持续性，"HASASMI"在每年6月推出名为"Season"的新系列产品，以国家为主题，如Season 1为美国主题，Season 2为墨西哥主题等，形成产品持续的逻辑，也会让顾客产生期待。为了保持延伸性，最初创建"HASASMI"品牌时，让其以窑制器皿——马克杯为切入点，但是必须延伸至其他品类，以实现综合文化品牌的愿景，因此商标设计之初就有用于陶器、布品和杂货的三种"剪刀"图案。同时，伴随着窑制器皿的上市，也持续地拓展着非窑烧制品上市。这些设计都是由丸广公司自己的设计师完成的。

咨询效果：创建了地域性综合性文化品牌"HASAMI"，不仅使丸广公司摆脱了困境，销售额从 8500 万日元（2010 年 7 月期，约合人民币 513 万元）提高到 3 亿日元（2016 年 7 月期，约合人民币 1810 万元），而且带动了波佐见烧瓷器行业的跨越式发展。同时成功为丸广公司培养了下一任继任者——匡平，其实现梦想的计划也已经形成，命名为"HASAMI PARK!"，包括盖一家电影院，经营咖啡馆，振兴当地的窑烧产业等。

2）TADAFUSA（庖丁工房）股份有限公司。该公司成立于 1948 年，经营刀具，位于新潟县三条市。自古以来该市以"锻造之城"闻名，但是受到来自中国制造的刀具的影响，出现衰退的趋势，三条市政府采取开办"经营培训班"的形式进行扶持，TADAFUSA 为当时参加培训班的企业之一，并被确定为复兴行业的先行实验案例，而后进行推广。它是当地该行业规模较大的公司，初创时制造木工用的曲尺，后来生产家用刀具，通过专业的刀具批发商进行销售。中川淳为其提供咨询时公司有 11 名员工，出现了亏损的情况，需要尽快改变现状，路径是增加销售额和利润额。咨询服务时间为 2011 年 4 月至 2012 年 3 月，持续 1 年。

咨询内容：核心是梳理现有商品，创建新品牌，拓展销路，培养下一任经营者和管理者等。"一方面，把多达 900 种刀具梳理为 300 种；另一方面，以'必备的三把刀和下一把刀'为概念限定了足够平时使用的七把刀，以此创建了新品牌'庖丁工房 TADAFUSA'"。⊖

⊖ 中川淳. 经营与设计的幸福关系 [M]. 侯秀娟，译. 北京：文化发展出版社，2018：3.

咨询方法：主要是复制中川政七商店已经建立的产品品牌营销模式。推出一个新品牌，实现新品牌和旧品牌的双品牌策略，原有刀具产品延用老的商标"忠房"。下面我们重点讨论新品牌的创建过程（不完全按照决策时间排序，而是按照品牌的营销逻辑进行叙述）。

第一，确定庖丁工房公司的使命和愿景。公司的使命和愿景直接决定着品牌的理念。因此，中川淳首先要帮助公司确定使命和愿景。这次咨询的起因就是三条市政府实施《为了不让三条市的锻造之火熄灭的计划》，而庖丁工房是该市代表性企业，故公司继承人曾根忠幸表示：他们的使命和愿景排在第一位的就是"不让三条锻造之火熄灭"，将锻造技术传承给下一代，并一直延续下去。

第二，确定品牌特质和商标。将公司的名称"庖丁工房"（英文为TADAFUSA）直接作为新品牌的名称。日语"庖丁"就是菜刀的意思，"工房"就是中文"工坊"的意思，合起来的意思就是"菜刀作坊"，不是"工厂"，而是较小规模，能散发手工制作温度的小作坊，介于独立匠人与工厂之间。不过，品牌标识的设计让他们颇费了一番脑筋。中川淳带领公司领导人到工厂车间，观察制作刀具所用的工具，最先映入眼帘的是锤子和钳子，工匠一只手用钳子夹着被烧红的钢材，另一只手则用锤子进行敲打，随之决定用钳子作为品牌标志的图案。最后，将品牌名称文字和工钳图案组合在一起，构成了"庖丁工房"的品牌标志（见图4-20），表现出刀具铁匠铺的感觉，属于"三条锻造之火"的一个重要组成部分，与使命和愿景是一致的。

图 4-20 "庖丁工房"的品牌标志

第三，确定差异化营销定位点。厨刀使用者是家庭主妇，主妇是"庖丁工房"的主要目标顾客。如何让她们感知到"庖丁工房"的与众不同至关重要。中川淳在提供咨询服务过程中潜移默化地复制了中川政七商店产品品牌的营销定位点，即"好物"的属性定位点，"愉悦"的利益定位点，以及"幸福"的价值定位点。定位点是在产品（刀具等方面），其他营销组合要素为非定位点所在位置。同样，这些不是中川淳明确提出来的营销定位内容，是我们从顾客感受角度分析得出的。

第四，依使命和营销定位点对产品、价格、分销和传播的营销组合四个要素进行规划。定位点所在的产品要素，做成优于竞争对手，其他组合要素为定位点做出贡献，同时不低于行业平均水平或达到顾客可接受水平。

产品是定位点所在的位置，"庖丁工房"刀具的"美物"特质必须要优于竞争对手，同时是顾客非常关注的品类。这需要依序做好两件事：减少刀具品类，提高刀具品质。品类多了不仅增加成本，而且还会带来质量的不稳定。当时"庖丁工房"生产900多种刀具，商品目录列出的就有 343 种。中川淳首先对目录中列出的 343 种进行分析（目录之外的自然放弃），按销售额多少排列为 A、B、C、D 四个等级，最终发现位居 D 级的占 80%，随之大幅度删减，仅保留了 60 多个品类。家庭主妇（目标顾客）最关注的有哪些刀具品类呢？通过市场分析，发现仅有 7 种刀：初级（第一次购买）包括万能刀（中，三德刀）、万能刀（小，蔬菜刀）和面包刀三种，进阶（后续购买）包括万能刀（大，牛刀）、鱼刀（大，出刃）、鱼刀（小，出刃）、刺身刀（柳刃）四种。因此将这七种刀作为新品牌辐射的品类。如何将这七种刀打造成"美物"呢？美物需要精心设计。"庖丁工房"按照日本传统厨刀的结构特征，考虑女性使用的特点，不同于市面上的厨刀"帅气"和"潇洒"的男性风格，材料为上好的不锈钢，刀柄采用"庖丁工房"拥有独特专利技术的抗菌碳化木，刀靠尖一端专门设计有波纹刀刃，更容易切割，刀柄设计得较为圆润，以缓冲刀锋的锋利感，经过试用后又将波纹刀刃增加了三齿（两厘米），以使切割更加流畅（见图 4-21）。

图 4-21　庖丁工房品牌的七种刀（右一为面包刀）

另外，在包装和服务方面也进行了精心的设计。锋利的厨刀，常常给人一种恐惧之感，携带和磨刀对于主妇这一目标顾客群体来说更是如此。因此，"庖丁工房"提供磨刀服务，需要磨刀的顾客将厨刀寄给公司即可，购买刀具一年之内可以免费磨刀一次，而后采取收费模式，一般刀具最好每周磨一次，至少三个月磨一次。为了便于携带和邮寄，公司为刀具设计了"合身的服装"——纸盒加纽扣的样式，不仅简素，而且品牌凸显标志，为"美物"的属性定位做出贡献，装在包里、拿在手里都弱化了锋利感（见图 4-22）。公司地址等文字信息都印在了包装盒里面，让包装呈现简单、质朴和传统的工艺感。

图 4-22　庖丁工房品牌的刀具和包装

价格、分销和传播都是非定位点所在位置，必须为定位点做出贡献，同时达到不低于行业平均水平或顾客可接受水平。过去定价方法是在原材料价格的基础上翻三倍，得到的就是销售（出厂）价格。后来由乘法改为加法，由"原料费＋劳动费＋利润"构成销售价格，这种定价方法可以保证"工匠精神"（工时不同，劳动费不同）带来的收益，以保障刀具生产过程的质量控制。传统的厨刀大多集中在男性化的较低价格带，而"庖丁工房"是偏向女性的较高价格。如中川淳所言，"庖丁工房 TADAFUSA 的刀具是由匠人一把一把地手工锻造出来的，因此从价格区间上来说，肯定属于较高的。因此我们的目标就是设计上要比相应价格区间内的现有商品更加偏向女性化"。㊀为了控制零售价格，改变了过去将刀具卖给专业批发商的做法，直接卖给零售商店，或者通过中川政七商店的零售店铺直接卖给消费者。在传播方面凸显"美物"的一致性，在新产品的相关包装、信封、名片上都印制上相同的品牌标志，在酒店、超市、杂货店、书店等一些有影响力的零售终端进行展示、演示和试用等，传播的信息集中于"美物刀具"的特征，诸如简单设计、抗菌碳化木刀把、女性设计师、独特的后续磨刀服务、刻印名称等。

第五，实施和控制。为了突出"好物"的产品属性定位特征，将产品设计流程作为关键流程，设计师资源成为最为重要的资源。整个实施过程的逻辑是通过面包刀引爆市场，带动"庖丁工房 TADAFUSA"品牌七把刀的销售，从而带动原有品牌"忠房"等刀具产品的销售。我们仅以面包刀为例说明营销模式的实施过程。第一步，确定公司目标（志向），希望把面包刀打造成为领头羊产品。第二步，确定面包刀的设计方向，不男性化也不女性化的中性

㊀ 中川淳. 经营与设计的幸福关系 [M]. 侯秀娟，译. 北京：文化发展出版社，2018：137.

化设计，以满足多种人群的"好刀"使用需求，刀前端需要设计有锯齿，采取较高的价格。第三步，创造故事，形成叙述逻辑。三条市是刀的产地，"庖丁工房"虽然有900种刀，但是没有面包刀，面包刀是家庭常用刀，没有专用带有锯齿的面包刀，切割较硬面包时不好用，因此需要前端带有锯齿刀刃的面包刀，这样既可以切入较硬的面包，又能保证不掉面包屑。第四步，实施设计。中川淳邀请日本著名女性设计师柴田文江加盟，负责新品牌的标志、包装，以及面包刀手柄等设计，她以细腻、给人温暖的设计风格在设计界闻名。面包刀的设计，可以说是由中川淳、"庖丁工房"继承人曾根忠幸、柴田文江共同设计完成并制造样品、尝试使用，再完善直至满意为止。中川淳解释委托柴田文江进行面包刀设计的理由时谈到了两点：一是为了推出一款设计适度的面包刀，市场已有的面包刀，或是没有设计感，或是为男性设计过了头；二是为了精准满足主要目标顾客群体——女性的使用需求，因此委托顶尖水平的女性设计师参与设计。㊀后来的面包刀圆形手柄设计，以及纸盒包装设计体现出了柴田文江女士设计的高水平，同时也为之后的传播增加了话题。"庖丁工房"面包刀的设计构成要素如表4-2（加黑字体为面包刀的选项）所示。㊁上市时机选择在2012年1月底至2月初的"大日本市"展销会期间，3月正式开始出货。同时，2月份在中川政七商店的直营店里举办"享用面包七种工具展"，力推面包刀，宣传其特征及手工制作等卖点。

㊀ 中川淳. 中川政七再生老店记[M]. 余亮闇, 译. 台北：天下杂志股份有限公司, 2017：114.
㊁ 中川淳. 经营与设计的幸福关系[M]. 侯秀娟, 译. 北京：文化发展出版社, 2018：128.

表 4-2 "庖丁工房"面包刀设计的构成要素

刀具构成要素	备选维度			
刀身材料	**SLD 不锈钢**	青纸钢	白纸钢	
刀身形状	锯齿大	**锯齿小**		
刀纹有无	有	无		
刀身长度	<20cm	20～24cm	>24cm	
刀把材料	金属	木材	**抗菌碳化木（优势点）**	
刀把形状	**椭圆**	六角形	八角形	有无指印
刀身和刀把连接方式	日式	西式	**混合式**	
价格	<3000 日元	3000～5000 日元	**5000～10000 日元**	10000～30000 日元
包装	塑料盒	纸盒	化妆盒	**周转盒（独特点）**
不落面包屑	前端有齿+其他无齿			

咨询效果：创建了新的厨刀品牌"TADAFUSA 庖丁工房"，不仅使公司摆脱了困境，将销售额从 1 亿日元（2011 年 4 月期，约合人民币 604 万元）提高到 1.9 亿日元（2016 年 4 月期，约合人民币 1148 万元），而且带动了厨刀行业的发展。同时，成功为公司培养了下一任继任者——曾根忠幸（2012 年 7 月成为庖丁工房新社长）。目前在日本，一提面包刀，人们通常会想到庖丁工房。

2. 提供品牌发展的分销咨询服务

这是复制中川政七商店产品品牌的分销模式，为选择接受咨询服务厂商的已有品牌提供分销方面的咨询及帮助，提升品牌影响力和扩大销售额，接受这种咨询服务的厂家超过了 10 家，包括 ITO（洗脸巾）、KUTANI SEAL（九谷烧瓷器）、上出长右卫门窑（手绘陶瓷器）、THE（食器具）、KAMOSHIKA（道具）等。主要方法是邀请这些品牌参加"大日本市"的展销会，以及直接进入中川政七商店的直营店进行销售。

展销会品牌复制：创建"大日本市"品牌（2011～2020年）

"中川政七商店"和"日本市"等综合品牌，基本是"游中川"品牌营销模式的复制。"2&9""motta"和"花园树斋"等接受咨询服务的产品品牌，基本是"粹更"品牌营销模式的复制。而"大日本市"品牌则是汲取了中川政七商店展销会的经验，部分复制了产品品牌和综合品牌的营销模式。"大日本市"展销会除了展销自己的品牌产品之外，还为咨询过的品牌产品提供分销服务，因此也是咨询服务的延伸。反过来，为同行非竞争对手厂商提供咨询服务，也成为"大日本市"品牌创建的基础。

1992年，中川淳的母亲中川御世子就曾经在"游中川"总店举办第一次商品展——"奈良晒展"，并一直延续下来，但当时主要是展示自己设计的商品，更像是展览会，而非展销会。此后，中川政七商店自己的商品参加其他展销会，或者被拒之门外，或者达不到预期。为了解决这些问题，2010年6月中川政七商店自己举办了第一次真正意义的展销会，除了自己的商品外，也有中川淳提供咨询服务的第一家公司的品牌——丸广公司的HASAMI品牌商品。

2011年6月，中川政七商店将自己主办的展销会命名为"大日本市"。此时又有两家品牌商加入展销，一家是经营围巾的工坊织座，一家是经营越前漆器的漆琳堂，中川淳为他们提供分销的咨询服务。从此"大日本市"展销会的影响越来越大，合作的参展商也越来越多，其中有20家左右是由中川政七商店提供品牌战略咨询服务的品牌，10家左右是中川政七商店提供分销咨询服务的品牌。

"大日本市"展销会，一般一年举办数次，有时是在中川政七商店里举办，有时在其他临时场所举办，参加展销的或者是中川淳提供咨询服务的品牌，或者是与中川政七商店有着长期合作关系的品牌，大家关注的都是长期利益而非短期利益，主要是吸引批发商和零售商进行采购。中川政七商店举办展销会并不赚钱，也不向参展商收取场地费用，也不采取代理销售的方式，仅仅采取销售额提成的方式，以降低参展商的负担。

为了突出"振兴日本传统工艺"的主题，"大日本市"展销会成立之初就确定了"大日本市"宣言。

"大日本市"宣言

从前，民艺运动，从出自无名工匠之手的日用杂器中，发现了用之美，成了一场广泛的启蒙运动。

时至今日，乡土的造物，再次进入了人们的视野。在物理距离缩短、信息鸿沟消失的当下，我们感到，必须重新解读"造物"。

我们，不仅想要成为公认的鉴赏家，还想赢得众多消费者的共鸣。

不做默默造物的工匠,而想成为自主劳动的工坊。不以无名为名,而要珍视我们的价值观。用之美,不是我们的口号。用之幸,才是我们的目标。

"大日本市"由这样的厂家聚集而成。

资料来源:中川政七. 工艺制胜:三百年老店的绝地反弹之道 [M]. 南浩洁,译. 上海:东方出版中心,2019:116-117.

随着"大日本市"展销会的发展,每年展销会都有明确的主题,以凸显使命和宣言精神。例如2016年为了纪念中川政七商店成立三百周年,确定的主题是"激发日本的手艺!"在东京、岩手、长崎、新潟、奈良五地陆续举行,从1月一直到持续到11月(见图4-23)。第一站1月13日~1月17日在东京举行,前日本男足国家队退役球星中田英寿有着传播日本传统文化和工艺的心愿,担任活动嘉宾,与主办方共同推出名为"西游记"的旅途,通过旅途介绍日本的工匠精神。

图4-23 2016年"大日本市"巡回展

2018年则以"为日本工艺注入活力"为主题,在东京的Amana海岸Studio举办第24次展销会,时间为2月7日至9日,邀请采购商参观,谢绝普通消费者入场。此次新增了31家企业的35个品牌加入,有来自群马县的刺绣商老店所制作的饰品品牌"000(Triple O)"、福井县的手作和纸"山次制纸所"、新潟三条市制作收获镰的"小林制镰"等多种类工艺制品,共计有52家企业的59个品牌参展。现场可以看到产品制作过程,还辅以产地的美食、土特产品的展出等(见图4-24)。

图4-24 2018年"大日本市"展销会

2019年4月24日至28日,"大日本市"参加了中国台湾的文化博览会,这是第一次在日本海外进行展销。诸多中川政七商店的合作品牌或"大日本市"成员参加了展销,数十种日本传统手工制品一一亮相(见图4-25)。

图 4-25　2019 年"大日本市"参加中国台湾文博会陈列的一角

通过分析我们很容易发现，"大日本市"虽然是展销会，但本质上仍然是对中川政七商店店铺营销模式的一种复制，从使命愿景到目标顾客选择，再到营销定位和到位都是如此。中川淳曾经谈道，当时推出"粹更"品牌时，就是想集合日本各地特色、优质产品，"这个概念实际上同当下我们举办'大日本市'在做的内容，基本上是相同的。陶瓷器当属丸广（Maruhiro），针织品当属米诺（Mino），干果当属堀内果实园，麻则当属中川政七商店等，日本各地的工艺厂商聚集在'大日本市'的名下，是这样一个构图。但是，那个时候由于能力有限，就算我们和厉害的工艺厂商打招呼，人家也不愿意正眼瞧我们。一直等到'粹更'走上轨道，之后又在咨询服务方面做出成绩后，这个构图才终于成形，也就有了现在的'大日本市'"。㊀

㊀　中川政七. 工艺制胜：三百年老店的绝地反弹之道 [M]. 南浩洁，译. 上海：东方出版中心，2019：34-35.

茶品牌复制：创建"茶论"品牌（2009～2020年）

中川政七商店在创建"茶房"品牌的基础上，将相关营销模式复制到"茶论"品牌，不断拓展茶具和茶品业务，并使其与杂货经营密切融合起来，进入创建文化生活方式的领域。

1. 中川政七商店茶具业务经营历史

1973年，中川淳的父亲中川严雄以茶巾为切入点，开始进入茶具行业，中川淳的母亲中川御世子参与茶叶罐包的设计、缝制及在包上写上"肩冲茶入"和"文琳茶入"（日本九种常见茶叶罐中的两种）等字。中川御世子1988年开始负责"游中川"的品牌策划，包括诸多茶具的策划和设计。她在《三百年老店：日常生活的经营智慧》一书中谈道："茶具有陶瓷、漆器、木器、铁器、纸袋、细竹器等，可以说是集日本工艺之大成。此外，用来包茶的布袋和擦拭茶碗的小绸巾用的是最高级的丝织物，放茶碗的桐箱上系的线是真田线。这些都是有历史渊源和文化内涵的材料。用这些材料和手工编织的麻织品组合在一起，就诞生了箱包和室内装饰品等全新的商品。这便是我和茶具部门在同一栋楼办公时构想出来的商品。"[一]

中川淳2002年进入家族企业之前，中川政七商店就设置了麻品和茶具两个事业部，当时麻品部处于亏损状态，而茶具部处于盈利状态，这意味着当时中川政七商店是靠着茶具部的贡献维持生存

[一] 中川御世子. 三百年老店：日常生活的经营智慧[M]. 程冰心，译. 上海：东方出版中心，2019：22-23.

的。后来，中川政七商店创建了诸多品牌，以及开设了诸多店铺，茶品和茶具的经营都是其中不可缺少的重要组成部分。因此，茶品相关商品长期在中川政七商店的经营中处于非常重要的位置，也为后续发展积累相关经验。我们看到，2017 年中川政七商店在 GINZA SIX 开设的店铺，有非常精致的茶具销售（见图 4-26），可见茶具经营在中川政七商店发展中的重要意义。

图 4-26　中川政七商店 GINZA SIX 店铺的茶具陈列

2. 中川政七商店"茶论"品牌的创建

中川政七商店除了拓展茶具的经营业务之外，开始尝试进行茶品的经营。2009年11月19日，在奈良"游中川"总店开设了"中川政七茶房"，顾客可以在拥有120年历史町屋的雅致空间内，品味大和茶、和果子等，同时还可以选购自己心仪的茶具商品。不过，2014年初，茶房处于停业状态。

2018年春天，中川政七商店创立了体现日本茶道文化之美的新品牌"茶论"，首家店铺设立在"中川政七茶房"原址，具有传统的日本民居特征，以及古朴的历史感（见图4-27）。

图4-27　奈良"茶论"招牌

"茶论"的宗旨是"以茶论美"，店内布局由三个部分组成。一部分命名为"稽古"，即练习的意思，为学习日本茶道的地方，品牌在这里开设学堂，定期举办茶道讲座。一部分命名为"喫茶"，是提供多款日本茶与日式甜点的场所，可以让人安静地坐下来，仔细品味和欣赏。还有一部分命名为"见世"，销售各种日本茶和自家原创茶道具。

各部分的环境具有日本茶道所追求的简朴和素美风格，与"茶论"品牌所倡导的"以茶论美"相匹配。茶室内气氛优雅恬静，简素的茶台，驯鹿的古画，柔和的灯光，都体现着和式美学。茶席与庭院相连，透过窗子可以直接观赏庭院的鲜花和草地，喝茶者仿佛置身于清奇幽静之所，自然会有心旷神怡之感（见图 4-28）。

图 4-28　奈良"茶论"内景

在"喫茶"区域，可品尝到季节性食品，依顺序享用主果子、浓茶（或者三种抹茶）、干果子、薄茶等茶品。同时，每一款食物和茶品，都配以精致和典雅的茶具，令人赏心悦目。"茶论"的果子、甜食是由一家奈良老店"樫舍"监制，色味俱佳。

在"见世"区域，可以看到一些精心设计的茶具。例如，中川政七商店与著名设计师铃木启太合作，推出了独具特色的茶道具盒（见图 4-29），以及茶道练习服"茶论衫"等。

图 4-29　铃木启太设计的茶道具盒

通过分析，我们很容易发现，"茶论"虽然是茶艺店，但是在本质上仍然是对中川政七商店店铺营销模式的复制，从使命、愿景到目标顾客选择，再到营销定位和到位都是如此。这一点我们将在本章总结部分进行归纳。

3. 中川政七商店"茶论"品牌的复制

由前述可知，中川政七商店通过复制长青的营销模式于2009年创建了"中川政七茶房"品牌，经过近10年时间的磨合，形成了相对成熟的茶艺营销管理模式，创建了"茶论"品牌，接下来开始对这个营销模式进行多次复制，选择的地点都是在提供生活方式的百货商店之中。

"茶论"的第2家店铺于2018年秋季在东京日本桥的高岛屋百货商店新馆的四层开业，其结构基本是对"游中川"总店"茶论"店铺的复制。"茶论"的第 3 家店铺于 2019 年 9 月 20 日,伴随大阪心斋桥大丸百货商店装修后重张而开业。重张的大丸百货商店具有明显的艺术与生活融合的特色。"茶论"的第 4 家店铺在 2020 年夏季于横滨的 NEWoMan 百货商店开业。该商店被定义为"新潮女性该去的地方",目标顾客是对生活品质有较高要求、年龄 30 ~ 40 岁的女性,入驻的店铺平均每家 50 ~ 70 平方米,小而特色明显。这些"茶论"店铺,店内空间都分为三个区域:第一个区域是学习日本茶道的地方,称为"稽古"(意为练习);第二个区域是提供多款日本茶与日式甜点的地方,名为"喫茶";第三个区域是销售和陈列各种日本茶道具的地方,名为"见世"。

中川政七商店成功进行品牌复制的原因

由前面的分析可以看出,在复制阶段(2010 ~ 2020 年),中川政七商店(公司)销售额和利润额持续增长,已经行进在长青的路上,表明中川政七商店成功地进行了多品牌的复制。其原因在于两点:一是复制了逻辑营销管理模式的基本框架;二是在复制过程中进行内容创新,实现了复制过程的标准化和个性化的有机融合。

1. 不变的是:复制逻辑营销管理模式的基本框架

由前述可知,中川政七商店在发展的第二个阶段(2002 ~ 2009 年),已经建立了自己公司长青的营销模式框架(如

图 3-11 所示），该框架的具体内容为：①使命，振兴传统工艺；②目标，实现利益相关者利益；③目标顾客，有工艺美物需求的群体；④营销定位，属性定位点为传统工艺美物，利益定位点为愉悦感，价值定位点为幸福感；⑤营销组合，以传统工艺美物和愉悦感为核心的营销组合模式（"1+5"模式，产品为工艺美物，服务、价格、店址、店铺环境和传播达到不低于行业平均水平或顾客可接受水平，同时为顾客的愉悦和幸福感做出贡献）；⑥关键流程，为保证产品为工艺美物和顾客获得愉悦感的产品设计和零售流程；⑦资源整合，围绕着设计和零售流程进行资源整合，其中组织资源主要是企业文化资源，涉及继承人特征（传承祖业、永不放弃、顺势创新和追求完美）和组织的价值观（语为心声、言行一致和追求完美）。

这个模式的基本逻辑是：确立"振兴传统工艺"的使命，依使命选择"实现利益相关者利益"的目标，依目标选择目标顾客和进行营销定位，依"美物""愉悦"和"幸福"的营销定位进行营销组合要素的组合，依突出定位点的营销要素组合构建产品设计的关键流程和匹配重要资源。

在该阶段，中川政七商店通过多品牌战略，向多个业务领域进行拓展。在业务领域拓展和品牌发展过程中，都严格遵守着已经形成或者建立的长青营销模式框架。具体地说，在品牌发展过程中，是对长青营销模式进行了标准化的复制，即完全遵循前述框架的基本逻辑（前后顺序及因果关系），照搬了使命、目标和营销定位三项核心的内容。换句话说，框架的逻辑，以及使命、目标和营销定位三项内容都没有改变，或曰也不能改变。

对营销模式框架基本逻辑和三个核心内容进行标准化复制，主要好处有：减少过度创新的风险、降低创新增加的高额成本、维护公司品牌的统一形象和加快公司发展速度。

2. 可变的是：创新营销管理模式的具体内容

在该阶段，中川政七商店发展了"中川政七商店""日本市""仲间见世""大日本市""茶论""2&9""motta""花园树斋"等品牌，以及帮助合作伙伴创建了"HASAMI""庖丁工房""mino"和"堀内果实园"等品牌，涉及行业多，业态差别较大。因此中川政七商店在复制长青营销模式时，不可避免地要进行个性化创新，主要表现在产品、服务、价格、店址、店铺环境、传播的营销组合不同，关键流程的具体表现不同，资源整合也会有一定的差异。最为明显的例子是：各个品牌都是提供美物，但是产品和服务类别存在着明显的差异。例如"游中川"体现的是日本的布料工艺，"粹更"突出美好生活方式，"中川政七商店"强调日常生活用品，"日本市"聚集的是地方土特产品，"茶论"则是提供茶道具产品和服务。由于行业不同导致产品和服务策略不同，再导致营销组合各要素内容不同，最终会导致关键流程和资源整合的不同。

对营销组合、关键流程、资源整合进行个性化创新，主要好处有：适应目标顾客的个性化需求，匹配各地区、各行业发展的客观实际，降低标准化脱离需求的风险。

中川政七商店成功进行品牌复制的模式

最后，我们通过梳理中川政七商店第三阶段发展的历史，归纳出中川政七商店成功进行品牌复制的模式。

1. 中川政七商店成功进行品牌复制的轨迹

本章我们回顾了中川政七商店10年（2010～2020年）的发展历史，在本质上就是将长青的营销模式复制于更多品牌的历史，目前这个过程仍然在持续。我们把这个时期分为三个阶段：复制到产品品牌阶段、复制到店铺品牌阶段和复制到工艺体验园阶段（见表4-3）。

表4-3 中川政七商店10年（2010～2020年）品牌复制的历史特征

发展阶段	复制到产品品牌阶段（多种工艺产品）	复制到店铺品牌阶段（多种零售业态）	复制到复合品牌阶段（工艺体验园）
持续时间	2009年至今，高潮期为2011～2014年	2013年至今，高潮期为2015～2020年	2017至今为设想阶段，未来近百年将是实施阶段
家族继承	第十二代和第十三代	第十二代和第十三代（2016年中川淳成为第十三代继承人）	第十三代和继任代（2018年千石彩接任社长）
主要业务	布品、茶品、礼品等工艺品的设计、制作、批发和零售；品牌咨询服务	布品、茶品、礼品等工艺品的设计、制作、批发和零售；品牌咨询服务	布品、茶品、礼品等工艺品的设计、制作、批发和零售；品牌咨询服务
继承业态	产品设计、批发店铺、零售店铺	产品设计、批发店铺、零售店铺、提供品牌咨询服务	产品设计、批发店铺、零售店铺、提供品牌咨询服务
创新业态	创新产品品牌、提供品牌咨询服务	创新店铺品牌（中川政七商店、日本市、大日本市、茶论等）	创新工艺体验园（由商业综合体演化为主题公园形态）

第一阶段，将长青营销模式复制到产品品牌（始于 2009 年）。一方面与专业生产厂商合作，采取代工的方式，推出了自己专门用于袜子的"2&9"品牌（2011 年），专门用于手帕的"motta"品牌（2013 年），专门用于针织衫的"kuru"品牌，以及专门用于花植的"花园树斋"品牌（2016 年）。另一方面为非竞争同行提供品牌发展的咨询服务，为其创建新品牌和复兴老品牌提供帮助，从 2009 年至 2016 年接受咨询服务并取得明显效果的公司就有 10 余家（见表 4-4）。

表 4-4 中川政七商店提供咨询服务的对象列表（2009～2016 年）

公司名称	行业	咨询时间	咨询内容	咨询效果
MARUHIRO	陶瓷	2009 年 9 月～2011 年 9 月	①创建新品牌 HASAMI ②改善老品牌马场商店 ③拓展分销渠道 ④培养企业继承人	①新旧品牌协同发展 ②销售额从 8500 万日元（2010 年 7 月期）增加到 3 亿日元（2016 年 7 月期） ③企业继承人得到成长
TADAFUSA	刀具	2011 年 4 月～2012 年 3 月	①缩减产品线 ②创建新品牌"庖丁工房" ③拓展分销渠道 ④培养企业继承人	①成功推出新品牌 ②销售额从 1 亿日元（2011 年 4 月期）增加到 1.9 亿日元（2016 年 4 月期） ③企业继承人得到成长
BAGWORKS	工作包	2011 年 4 月～2012 年 9 月	①确定企业愿景 ②创建新品牌 BAGWORKS ③拓展分销渠道 ④培养企业继承人	①成功推出新品牌 ②销售额从 6500 万日元（2011 年 4 月期）增加到 1.07 亿日元（2012 年 9 月期） ③企业继承人得到成长

第4章　第三阶段：中川政七商店长青营销模式的复制（2010~2020年）

（续）

公司名称	行业	咨询时间	咨询内容	咨询效果
堀田地毯	地毯	2011年5月~2011年12月	①拓展分销渠道 ②培养企业继承人	①销售额从4.5亿日元（2011年12月期）增加到6.5亿日元（2015年12月期） ②企业继承人得到成长
SAIFUKU	针织品	2011年9月~2013年7月	①创建新品牌mino ②拓展分销渠道 ③培养企业继承人	①成功推出新品牌 ②销售额从7.1亿日元（2012年5月期）增加到7.8亿日元（2016年5月期） ③企业继承人得到成长
美纱和	和服	2012年4月~2012年10月	①创建零售新品牌"大塚吴服店" ②拓展新店铺	①成功推出新的店铺品牌，并开设了新店铺 ②销售额从3.8亿日元（2012年6月期）减少到3.7亿日元（2016年5月期）
堀内果实园	水果	2012年9月~2013年11月	①确定企业愿景 ②创建新品牌"堀内果实园" ③拓展分销渠道	①成功推出新品牌 ②销售额从5500万日元（2012年12月期）增加到1.2亿日元（2016年3月期）
漆琳堂	漆器	2013年1月~2013年10月	①创建新品牌"木碗和家" ②拓展分销渠道 ③股份化	①成功推出新品牌，并开设了店铺 ②销售额从2900万日元（2012年8月期）增加到5000万日元（2016年8月期）

(续)

公司名称	行业	咨询时间	咨询内容	咨询效果
KAJIRENE	合成长纤维织物	2013年8月~2016年8月	①创建新品牌TO&FRO，专门用于旅行装备 ②拓展分销渠道 ③培养企业继承人	①成功推出新品牌，并开设了店铺 ②销售额从12.1亿日元（2013年8月期）增加到16.5亿日元（2016年8月期）③企业继承人得到成长
山之鲸舍	木器	2014年4月~2015年9月	①梳理产品线 ②创建新品牌"山之鲸会"，专门用于木制玩具 ③拓展分销渠道 ④企业法人化	①成功推出新品牌 ②销售额从2500万日元（2013年12月期）增加到7300万日元（2016年7月期）
薰玉堂	香料	2014年9月~2016年2月	①提升已有"薰玉堂"品牌形象 ②拓展分销渠道 ③培养品牌经理人	①成功提升原有品牌形象 ②销售额达到4.6亿日元（2016年2月期）③品牌经理得到成长

  无论是自建品牌，还是提供咨询服务的品牌，中川政七商店都是在复制已经建立的长青营销模式。第一个突出的表现是全部复制了"振兴传统工艺"的使命。从中川政七商店的行为来看，他们集中扶持和支持日本传统工艺的复兴，打造某一领域或是某一产地的复兴之星，带动整个行业和整个产地的发展，不仅尽心尽力，而且仅仅收取很少的咨询费用。接受咨询的公司常常是几个人或十几个人的规模，通常面临着发展的困境，甚至濒临倒闭。接受咨询之后，这些公司基本都摆脱了困境，走上良性发展的轨道。接受咨询的品牌也多明确了相应的企业愿景和使命，振兴了

所在行业的传统工艺。第二个突出的表现是全部复制了"美物"的属性定位点、"愉悦"的利益定位点和"幸福"的价值定位点，以及围绕着"美物""愉悦"和"幸福"定位点所进行的各个营销要素的组合。第三个突出的表现是几乎全部复制了长青营销模式带来的理想结果，并形成良性的多方协同循环。中川政七商店提供的专业咨询服务使传统工艺"美物"数量增加，为中川政七商店的批发和零售渠道提供了"流动之水"。商品之水的顺畅流动又会反哺各地的传统工艺品厂商，为它们解决销售的难题，进而促进它们持续地进行生产和经营，最终实现振兴传统工艺的使命或愿景。

第二阶段，将长青营销模式复制到店铺品牌（始于2013年）。这种复制基本上呈现出两条轨迹。首先通过长青营销模式的复制，创造出新的店铺业态，以及相应的长青营销模式。2013年创建了"中川政七商店"店铺，它是专门经营基于传统工艺制造的日常生活用品的零售业态；2013年和2014年分别创建了"仲间见世"和"日本市"店铺，它们是专门经营基于传统工艺制造的地方土特产品的零售业态；2011年更名、2013年之后逐渐完善了"大日本市"展销会，它是专门展销日本传统工艺品的批发业态；2018年创建了"茶论"，它是专门提供茶道、茶汤和茶具的零售业态。然后，在各自店铺领域，复制该店铺自身的长青营销模式，形成了中川政七商店店铺系统（见表4-5）。

表 4-5　中川政七商店创建的新型店铺业态（2013～2020 年）

品牌名称	业态类型	经营品类	第 1 家店铺的创建	第 N 家店铺的复制
中川政七商店	日杂店	基于传统工艺制造的日常生活用品	① 2010 年，复制已有的品牌营销模式，创立该品牌，用于日用产品 ② 2013 年，复制已有的品牌营销模式，拓展至零售店铺，首家店铺在东京表参道开业	① 2017 年复制到东京银座店 ② 2019 年复制到东京涩谷店 ③ 2020 年复制到奈良店 ④ 2020 年复制到东京"中川政七商店分店服"
日本市和仲间见世	地方特产店	基于传统工艺制造的地方土特产品	① 2013 年，复制已有的品牌营销模式，创立"仲间见世"品牌，首家为太宰府店 ② 2014 年，复制已有的品牌营销模式，创建"日本市"品牌，首家店铺位于奈良	① 在 2014～2016 年复制了七家店铺。有出云（2014 年 4 月）、金泽（2015 年 3 月）、丰冈（2015 年 7 月）、函馆（2015 年 12 月）、伊势（2016 年 4 月和 12 月两家店）、镰仓（2017 年 3 月） ② 2015 年在大阪复制了"日本市"店铺；2018 年在东京复制了"日本市"店铺
大日本市	工艺品展销会	基于传统工艺制造的地方土特产品和日常生活用品	2011 年将中川政七商店举办的展销会更名为"大日本市"并组织诸多品牌商参展	2012 年之后，复制名为"大日本市"的展销会；2016 年为纪念成立 300 周年，进行多次复制，之后每年都举办
茶论	茶房	茶道、茶品和茶具等	① 1973 年开始经营茶具 ② 2009 年于奈良尝试开设茶房，几年后停业 ③ 2018 年在奈良开设"茶论"	2018 年、2019 年、2020 年分别在东京、大阪和横滨复制了"茶论"店铺形态

第三阶段，将长青营销模式复制到复合品牌。中川政七商店在庆祝成立三百周年之时，就开始考虑下一个百年的发展蓝图，这个蓝图仍然是围绕着"振兴传统工艺"这个使命和愿景进行筹划的。通过分析，我们归纳出中川政七商店为了实现"振兴传统工艺"使命而实施的三步走战略：从振兴自己到振兴传统工艺（非竞争）同行，再到振兴传统工艺产地（集群品牌）。第一步（始于2002年左右），振兴自己的品牌。通过长青营销模式成功打造自己的品牌，并进行多方向的品牌复制，以证明传统工艺行业仍然可以走向兴旺。出版关于品牌成功经验的图书，参加电视节目等演讲活动，引起媒体和社会关注，激发其他工艺厂商振兴的热情，并让它们产生向中川政七商店学习的兴趣。第二步（始于2009年左右），振兴同行品牌。中川政七商店在自身品牌持续发展的同时，开始接受诸多传统工艺品厂商的委托，提供品牌创建、提升、发展和分销等方面的咨询服务。在2010年启动的"产地最亮的一颗星"项目，希望10年为20个工艺匠人进行品牌策划，接受咨询的企业大多取得成功，销售额和利润额得到明显提升。中川政七商店振兴了诸多的传统工艺厂家，每项咨询仅仅收取25万日元（约合人民币15 420元）左右的咨询费，主要目的不是盈利，而是帮助工艺厂家复兴。第三步（始于2017年），振兴传统工艺地区（产地）品牌。首先把奈良作为实验地区，而后再向其他工艺品产地进行复制。在这个过程中，先行实验工艺品购物中心，再考虑发展为工艺品体验园。

一是创建奈良工艺品购物中心。为了增强在奈良地区的品牌影响力和彰显古老的工艺文化，2020年4月4日，中川政七商店与茑屋书店合作，在奈良联合推出了"生活用工艺品店+书店"的复合性文化商业业态。该业态位于奈良县会议中心Convention Center之中，是人流聚集的地方。店内的手工厨具货位陈列有维护厨具、产地历史、菜食谱等方面的书籍，让顾客更加了解制作过程的魅力。2020年4月，中川政七商店正式宣布该年秋季将在"奈良总店"开设第一家复合商业设施，以迎合奈良区域的再造计划。在占地126坪（400平方米左右）的原址上，建设一个三层的建筑，由知名设计师内藤广氏设计，外形为传统的京町式风格，与户外老街融为一体。一楼设有咖啡店和餐饮店。一楼和二楼为中川政七商店总店，主要销售以日本工艺为主的生活杂货，日本平安时代流传下来的工艺技术"一刀雕"工艺品，以及日本毛笔的始祖"奈良笔"。三楼为共享办公空间，隔窗可以看到兴福寺的五重塔。这里还将以"让奈良充满活力"为宗旨，举办相关讲座、开设经营管理课程等。这些都是为了打造奈良工艺品的区域品牌所做的尝试和努力。

二是创建奈良工艺体验园。这个项目目前处于设想和筹备阶段，对其具体内容，中川政七（中川淳）在其《工艺制胜：三百年老店的绝地反弹之道》一书中有比较详细的说明。他说："过去，我一直认为只要有了产地中最亮的那颗星，那么自然便会跟随着出现第二颗、第三颗，推动产地整体能够迎来更加光明的未来。因此，我集中精力打造最亮的那颗星。但是，随着时光的流逝，我逐渐发现，光做这些，还是不够的。如果最亮的那颗星星的光芒，无法辐射到整片地区，那么就难以阻挡产地的衰退。"⊖因此，解决的方法是改变家庭手工业的模式，通过资本集约化，将产地厂商、零售商整合起来，实施制造各环节，以及分销环节的分工合作，并将产销等场所集中在一个体验区内，即通过"产业革命"和"产业旅游"实现"SUNCHI"（日语发音相同于"产地""三智""三地""某某的家"）构想。中川政七（中川淳）解释道："这个构想包含了四层含义，我们想要打造出产地的一个（对于外地访客们，也敞开怀抱的）新的形象。一是'产地'；二是'三智'，意在表达其中凝聚了商品生产者、商品使用者、将双方联结在一起的使者这三者的智慧和心意；三是'三地'，意在表达在各个地区，集聚了购物、饮食、住宿的三种娱乐方式；四是'某某的家'，在这里，我们能够像是到好朋友家去做客一般，感受到那片土地独有的温情。"⊜这个愿景计划的推出，不仅可以更好地完成中川政七商店的使命，也可以提高员工的凝聚力，提升员工继续努力的热情，消除组织中由于短暂成功而出现的懈怠情绪。

这个计划是"产地最亮的一颗星"的升级版本，由打造一个匠人品牌升级为打造一个体验园，这个体验园集美食、旅馆、工

⊖ 中川政七. 工艺制胜：三百年老店的绝地反弹之道 [M]. 南浩洁，译. 上海：东方出版中心，2019：189.
⊜ 中川政七. 工艺制胜：三百年老店的绝地反弹之道 [M]. 南浩洁，译. 上海：东方出版中心，2019：186-187.

艺品生产体验现场、工艺品零售为一体。中川政七（中川淳）说："这将成为工艺产地的一大核心。在各个地区，只要有一个核心，接下来位于稍远处的生产现场也将化身卫星，能够吸引人们到那里去。旅游方式由文化设施和旅游景点之间点到点的移动，升级为从线到面地玩转当地的模式，各个地区也将变得更加富有生机和活力。"⊖

这个计划需要先在奈良开始实施，中川政七绘制的奈良工艺体验园蓝图是这样的：以春日大社、东大寺、兴福寺等世界遗产为背景，以奈良工艺为邻居，体验园里有生产奈良晒原料——苎麻的田地和农民、将苎麻搓捻成细线和纺织成布的工匠及场景，以及借用太阳暴晒的工序。"此外，还能看到在工坊里体验手工纺织的人们、在附设的工厂店里享受购物的人们、在餐馆里对奈良名产大和野菜赞不绝口的客人。不远处的旅馆，被似火的红叶环抱着，实在是一副闲适自得的光景"。⊜

为此，中川政七商店明确了未来业务发展的战略方向：通过引领工艺行业的产业革命和旅游革命，实现振兴日本传统工艺的使命（见图4-30）。⊜

⊖ 中川政七. 工艺制胜：三百年老店的绝地反弹之道 [M]. 南浩洁，译. 上海：东方出版中心，2019：192.

⊜ 中川政七. 工艺制胜：三百年老店的绝地反弹之道 [M]. 南浩洁，译. 上海：东方出版中心，2019：196.

⊜ 中川政七. 工艺制胜：三百年老店的绝地反弹之道 [M]. 南浩洁，译. 上海：东方出版中心，2019：188. 为了更加清晰，本书对该图进行了部分改写。

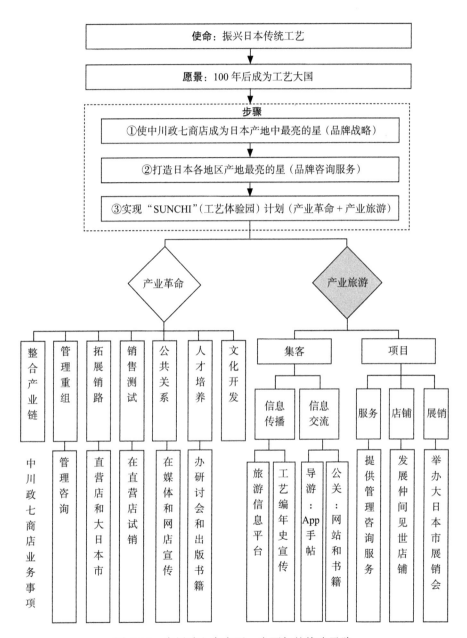

图 4-30 中川政七商店下一个百年的战略思路

可见，中川政七商店首先将长青的营销模式复制到生产阶段，用于产品品牌的创建和提升；接着复制到销售阶段，用于店铺品牌的创建和提升；最后复制到消费阶段，将产品品牌和店铺品牌融合在一起，用于工艺体验园的创建和发展。产品品牌的创建和发展，为店铺品牌的创建和发展提供基础，店铺品牌的创建与发展反过来推动产品品牌的创建和发展。同时，产品品牌和店铺品牌的创建与发展又为工艺体验园的创建和发展提供了条件，反过来工艺体验园的发展促进了当地工艺行业的发展。三部分互相促进、协同发展，为实现振兴传统工艺做出了实实在在的贡献。

2. 中川政七商店行进在长青之路的营销秘密

由前述可知，中川政七商店在长青营销模式形成阶段（2002~2009年），创建了长青的战略模式和长青的营销模式。中川政七商店在长青营销模式复制阶段（2010~2020年），主要是复制长青的战略模式和长青的营销模式，并在复制过程中不断创新，即进行创新式复制。

1）中川政七商店长青战略模式的创新式复制。2010年，中川政七商店提出了两记"致命传球"的战略发展模式，即以"振兴传统工艺"和"从售物到品牌塑造"为目标和思维指导，以"为同行非竞争者提供咨询服务"和"在好的位置发展直营店"为两记"致命传球"，加之若干具体的落地措施。随后，开始对这个战略模式进行创新性复制，说是"复制"，源于仍然坚持着两记"致命传球"的战略;说是"创新",源于增加了第三记非常重要的"致命传球"。正如中川政七(中川淳)所言:"于创业300年的今年打出的第三记'致命传球',是为了实现我们的'SUNCHI'构想,同'日本工艺产地协会'携手打造平台事业。要是这个球能够成功传过去、300个产地能够幸存下来,那么我们就能够树立起日本作为工艺大国的地位。"⊖

这种模式的核心特征之一,是通过顾客在生产现场的体验,感受到传统工艺的独特价值。由图4-30可知,"SUNCHI"战略模式并非另起炉灶,而是上一阶段战略模式的延续,是在两记"致命传球"的基础上,增加了第三记"致命传球",由产品品牌策略提升至店铺品牌策略,再提升到产地品牌策略,即在形成产地集群品牌的基础上,打造产地互相协同的集合品牌,创建工艺体验园并由其辐射到产地作坊,吸引顾客去看看生产过程,听听工匠的讲解,使他们喜爱和持续购买传统工艺品,推动整个行业发展。中川淳曾经谈道:"这种旅游方式能够满足我们的求知欲,有着经典路线很难体会到的乐趣。通过这种形式传播工艺的魅力,理应给人们留下深刻的印象。这要远远超过阅读书籍或是浏览网络能够达到的效果。……为什么其中能够蕴含着那般天然去雕饰的简约的机能美呢?在生活中越是使用它,越觉得用得顺溜,这是为什么呢?有一点点贵的原因又在哪里?……绝大多数工艺的秘密,都能够在现场找到答案。想要吸引更多的人成为工艺的粉丝,把工艺极其自然地

⊖ 中川政七. 工艺制胜:三百年老店的绝地反弹之道[M]. 南浩洁,译. 上海:东方出版中心,2019:208.

带到人们的生活中去,那么,请大家来参观生产现场,正是最好的选择。"①

这种模式的核心特征之二,是通过整合产地资源形成产地集合品牌。这是振兴传统工艺的必由之路。俗话说,一花独放不是春,百花齐放春满园。工艺品行业是由各家各户分工合作,构成工艺产业链而生存和发展的,是互相依存的关系,各个产地仅有一家生意好的厂商,只能是短暂成功,不能保证长久发展,因为有可能会成为无源之水,无本之木,也缺乏技艺的竞争、交流和分享。中川政七商店在成立三百周年的时候认识到了这一点。中川淳说:"正是通过我们的努力,工艺才能够慢慢地渗透到了各种各样的人们的生活中去。通过咨询服务,我们也帮助工艺厂商实现经济独立,并找回属于'造物'的那份荣耀。……工艺所处的大环境是否已经发生根本上的改变呢?非常遗憾的是,我们很难给出一个肯定的答案。在我们疾呼、奔走的同时,已经有后继无人的厂商关门大吉,'造物'的技术就此失传,产地的星光,在一颗一颗地熄灭。仅凭我们的力量,完全无法追赶上工业衰败的速度。"②解决的最好办法就是集合工艺行业各厂商的力量,大家共同努力,一起发展。为此,中川政七商店牵头建立了一个组织——日本工艺产地协会,大家通过协会学习工艺的经营管理知识,交流各自的成功经验,并培养继承人。同时,建立了"SUNCHI"三大共享网络平台,包括"SUNCHI"信息平台、

---

① 中川政七. 工艺制胜:三百年老店的绝地反弹之道[M]. 南浩洁,译. 上海:东方出版中心,2019:191.

② 中川政七. 工艺制胜:三百年老店的绝地反弹之道[M]. 南浩洁,译. 上海:东方出版中心,2019:187-189.

网店平台、招聘平台。这些事情都围绕着"工艺体验园""生产作坊"和"销售"进行运营，持续地提升产地集合品牌形象，使三百个工艺产地生存下来并得到发展，最终实现振兴传统工艺的使命。

2）中川政七商店长青营销模式的创新式复制。通过前面的分析，我们得出中川政七商店在第三阶段，主要发展了产品品牌、店铺品牌、复合品牌，在发展过程中递进式地复制和完善长青营销模式，形成了"创新营销模式—复制营销模式—创新营销模式—复制营销模式"的循环往复（见图4-31）。

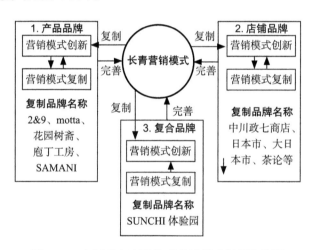

图 4-31　中川政七商店长青营销模式复制轨迹图

第一，产品品牌长青营销模式的复制。这是指将已有的长青营销模式复制到诸多产品品牌，在复制过程中进行部分创新，使得产品品牌的营销模式得以完善，进而补充或完善长青营销模式类型。在复制过程中，一方面复制了长青营销模式的基本逻辑，另一方面复制了使命（振兴传统工艺）、目标（实现利益相关者利益）、目标顾客（对美物有需求的群体）、营销定位（属性定位点为美物，利益定位点为愉悦或舒适感，价值定位为幸福感）、营销组合模式（产品出色，其他不低于行业平均水平或达到顾客可接受水平）、关键流程（产品设计和制作）和重要资源整合。同时，也有各自的创新及个性化部分，诸如目标顾客会更加细分，是对不同品类美物有需求的人；属性定位虽然都是"美物"，但具体商品类别不同；利益定位也有美物带来的舒适感，或是美物带来的愉悦感等差异。我们略举几例，就可以看出不同产品品牌复制长青营销模式的上述规律。

案例1："2&9"袜子品牌。其营销模式复制了中川政七商店已有的长青营销模式，可以概括为以下七句话：秉承了"振兴传统工艺"的使命，确立了"实现利益相关者利益"的目标，选择了"具有舒适美袜需求的群体"为目标顾客，明确了营销定位点（属性定位点为美物——奈良好袜，利益定位点为舒适感，价值定位点为幸福感），确定了以"带来舒适"为核心的营销组合模式（"1+5"模式，产品好而令人舒适，服务、价格、店址、店铺环境和传播不低于行业平均水平或达到顾客可接受水平，并为好物舒适感做出贡献），构建了保证产品美而令人舒适的设计和生产的关键流程，依关键流程进行企业（人力、信息和组织）资源的整合，其中组织资源主要涉及继承人特征（传承祖业、永不放弃、顺势创新和追求完美）、组织的价值观（语为心声、言行一致和追求完美），以及人力、信息和机构向关键流程倾斜。我们把这些内容回归到逻辑营销框架，就可以得出"2&9"产品品牌成功的营销模式（见图4-32）。

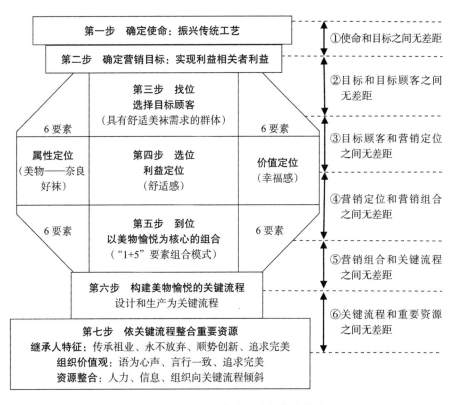

图4-32 "2&9"袜子品牌的营销模式

案例2:"motta"手帕品牌。其营销模式复制了中川政七商店已有的长青营销模式,同样可以概括为以下七句话:秉承了"振兴传统工艺"的使命,确立了"实现利益相关者利益"的目标,选择了"具有美物手帕需求的群体"为目标顾客,明确了营销定位点(属性定位点为美物——艺术手帕,利益定位点为愉悦感,价值点为幸福感),确定了以"带来愉悦"为核心的营销组合模式("1+5"模式,产品好而令人愉悦,服务、价格、店址、店铺环境和传播不低于行业平均水平或达到顾客可接受水平,并为好物愉悦感做出贡献），构建了保证产品美而令人愉悦的设计和生产的关键流程，依关键流程进行企业（人力、信息和组织）资源的整合，其中组织资源主要涉及继承人特征（传承祖业、永不放弃、顺势创新和追求完美）、组织的价值观（语为心声、言行一致和追求完美），以及人力、信息和机构向关键流程倾斜。我们把这些内容回归到逻辑营销框架，就可以得出"motta"产品品牌成功的营销模式（见图4-33）。

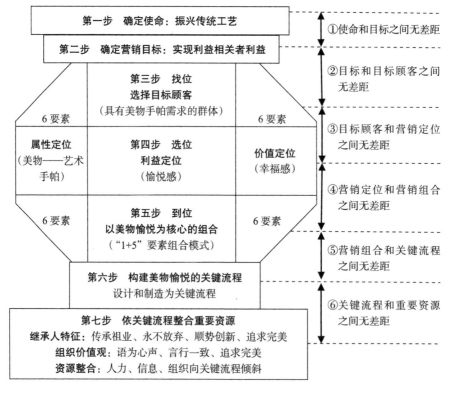

图4-33 "motta"手帕品牌的营销模式

案例3："庖丁工房"刀具品牌。这是中川政七商店提供咨询服务的品牌，其营销模式也是复制了中川政七商店已有的长青营销模式，同样可以概括为以下七句话：秉承了"振兴传统工艺"的使命，确立了"实现利益相关者利益"的目标，选择了"具有优质刀具需求的群体"为目标顾客，明确了营销定位点（属性定位点为美物——手工优质刀具，利益定位点为愉悦感，价值点为幸福感），确定了以"带来愉悦"为核心的营销组合模式（"1+5"模式，产品好而令人愉悦，服务、价格、店址、店铺环境和传播不低于行业平均水平或达到顾客可接受水平，并为好物愉悦感做出贡献），构建了保证产品美而令人愉悦的设计和生产的关键流程，依关键流程进行企业（人力、信息和组织）资源的整合，其中组织资源主要涉及继承人特征（传承祖业、永不放弃、顺势创新和追求完美）、组织的价值观（语为心声、言行一致和追求完美），以及人力、信息和机构向关键流程倾斜。我们把这些内容回归到逻辑营销框架，就可以得出"庖丁工房"产品品牌成功的营销模式（见图4-34）。

第二，店铺品牌长青营销模式的复制。这是指将已有的长青营销模式复制到诸多店铺品牌，在复制过程中进行部分创新，使店铺品牌的营销模式得以完善，进而补充或完善长青营销模式类型。在复制过程中，一方面复制了长青营销模式的基本逻辑，另一方面复制了使命（振兴传统工艺）、营销目标（实现利益相关者利益）、营销定位（属性定位点为好物，利益定位点为愉悦感，价值定位点为幸福感）、营销组合模式（产品出色，其他达到顾客可接受水平）、关键流程（产品设计和制作）和重要资源整合。同时，也有各自的创新及个性化部分。我们列出中川政七商店店铺的四种基本类型，就可以看出不同店铺品牌复制长青营销模式的上述规律。

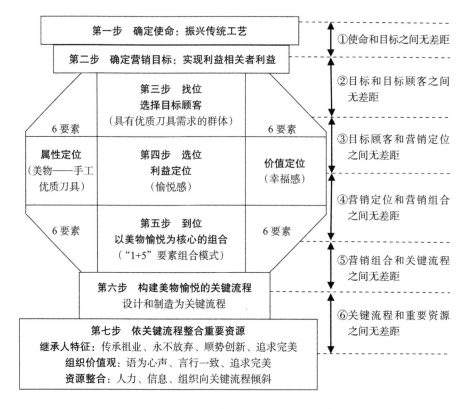

图 4-34 "庖丁工房"刀具品牌的营销模式

案例 1："中川政七商店"店铺品牌。其营销模式也是复制了中川政七商店已有的长青营销模式，同样可以概括为以下七句话：秉承了"振兴传统工艺"的使命，确立了"实现利益相关者利益"的目标，选择了"生活用品工艺化的群体"为目标顾客，明确了营销定位点（属性定位点为美物——工艺化生活用品，利益定位点为愉悦感，价值点为幸福感），确定了以"美物带来愉悦"为核心的营销组合模式（"1+5"模式，产品好而令人愉悦，服务、价格、店址、店铺环境和传播等不低于行业平均水平或达到顾客可接受水平，并为好物愉悦感做出贡献），构建了保证产品美而令人愉悦的设计和生产的关键流程，依关键流程进行企业（人力、信息和组织）资源的整合，其中组织资源主要涉及继承人特征（传承祖业、永不放弃、顺势创新和追求完美）、组织的价值观（语为心声、言行一致和追求完美），以及人力、信息和机构向关键流程倾斜。我们把这些内容回归到逻辑营销框架，就可以得出"中川政七商店"店铺品牌成功的营销模式（见图4-35）。

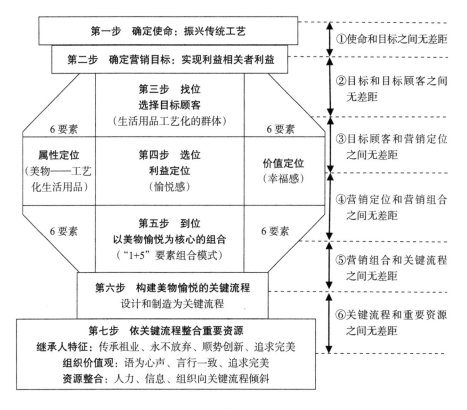

图4-35 "中川政七商店"品牌的营销模式

案例2:"日本市"店铺品牌。其营销模式也是复制了中川政七商店已有的长青营销模式,同样可以概括为以下七句话:秉承了"振兴传统工艺"的使命,确立了"实现利益相关者利益"的目标,选择了"以土特产为礼品的旅游者"为目标顾客,明确了营销定位点(属性定位点为美物——出色土特产品,利益定位点为愉悦感,价值点为幸福感),确定了以"带来愉悦"为核心的营销组合模式("1+5"模式,产品好而令人愉悦,服务、价格、店址、店铺环境和传播等不低于行业平均水平或达到顾客可接受水平,并为好物愉悦感做出贡献),构建了保证产品好而令人愉悦的设计和生产的关键流程,依关键流程进行企业(人力、信息和组织)资源的整合,其中组织资源主要涉及继承人特征(传承祖业、永不放弃、顺势创新和追求完美)、组织的价值观(语为心声、言行一致和追求完美),以及人力、信息和机构向关键流程倾斜。我们把这些内容回归到逻辑营销框架,就可以得出"日本市"店铺品牌成功的营销模式(见图4-36)。

案例3:"大日本市"展销会品牌。其营销模式也是复制了中川政七商店已有的长青营销模式,同样可以概括为以下七句话:秉承了"振兴传统工艺"的使命,确立了"实现利益相关者利益"的目标,选择了"经营工艺化生活用品的经销商"为目标顾客,明确了营销定位点(属性定位点为美物——聚集出色工艺品,利益定位点为省心,价值点为幸福感),确定了以"省心地采购出色工艺产品"为核心的营销组合模式("1+5"模式,产品好而令人愉悦,服

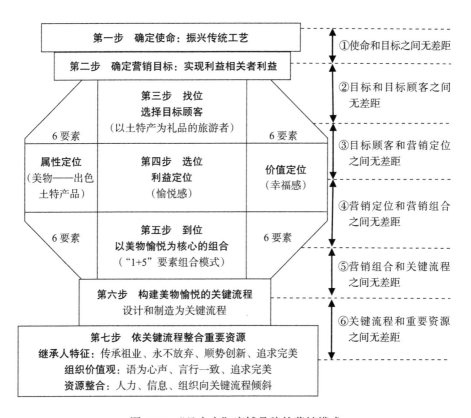

图 4-36 "日本市"店铺品牌的营销模式

务、价格、店址、店铺环境和传播等不低于行业平均水平或达到顾客可接受水平,并为聚集好物和省心做出贡献),构建了保证产品好而令人省心的设计和采购的关键流程,依关键流程进行企业(人力、信息和组织)资源的整合,其中组织资源主要涉及继承人特征(传承祖业、永不放弃、顺势创新和追求完美)、组织的价值观(语为心声、言行一致和追求完美),以及人力、信息和机构向关键流程倾斜。我们把这些内容回归到逻辑营销框架,就可以得出"大日本市"展销会品牌成功的营销模式(见图 4-37)。

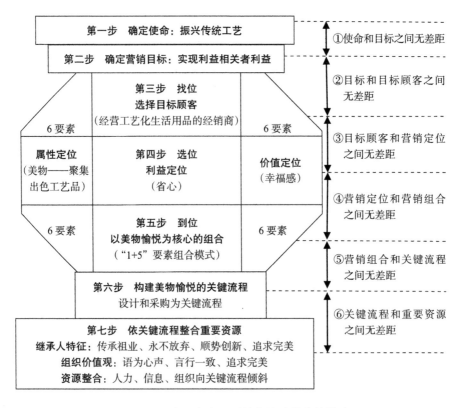

图 4-37 "大日本市"展销会品牌的营销模式

案例 4："茶论"店铺品牌。其营销模式也是复制了中川政七商店已有的长青营销模式，同样可以概括为以下七句话：秉承了"振兴传统工艺"的使命，确立了"实现利益相关者利益"的目标，选择了"茶道、茶品、茶具鉴赏者"为目标顾客，明确了营销定位点（属性定位点为美物——出色茶品，利益定位点为愉悦感，价值点为幸福感），确定了以"带来愉悦"为核心的营销组合模式（"1+5"模式，产品好而令人愉悦，服务、价格、店址、店铺环境和传播等不低于行业平均水平或达到顾客可接受水平，并为好物和愉悦感做出贡献），构建了保证产品好而令人愉悦的设计和生产的关键流程，依关键流程进行企业（人力、信息和组织）资源的整合，其中组织资源主要涉及继承人特征（传承祖业、永不放弃、顺势创新和追求完美）、组织的价值观（语为心声、言行一致和追求完美），以及人力、信息和机构向关键流程倾斜。我们把这些内容回归到逻辑营销框架，就可以得出"茶论"店铺品牌成功的营销模式（见图4-38）。

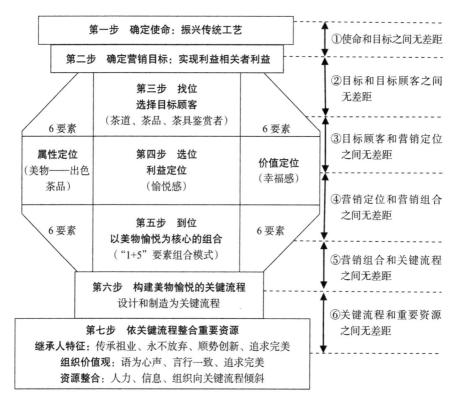

图4-38 "茶论"店铺品牌的营销模式

第三，复合品牌长青营销模式的复制。这是指将已有的长青营销模式复制到诸多复合商业形态，诸如购物中心和工艺体验园等。在复制过程中进行部分创新，使复合品牌的营销模式得以完善，进而补充长青营销模式类型。在复制过程中，一方面复制了长青营销模式的基本逻辑，另一方面复制了使命（振兴传统工艺）、营销目标（实现利益相关者利益）、目标顾客（传统工艺品偏好者）、营销定位（属性定位点为美物聚集地，利益定位点为愉悦感，价值定位点为幸福感）、营销组合模式（产品或项目出色，其他不低于行业平均水平或达到顾客可接受水平）、关键流程（产品或项目设计与制作）和重要资源整合。在复合品牌方面，中川政七商店尝试了商业综合体（购物中心）和SUNCHI工艺体验园两种业态。我们以规划中的SUNCHI工艺体验园为例进行说明（见图4-39），就可以看出它复制长青营销模式的上述规律。

当然，这种工艺品体验园还处于设想阶段，是未来100年中川政七商店发展的业态，其业态形式是工艺品体验园，设想在全日本打造300个工艺品产地，发展方法是复制已有的长青营销模式。

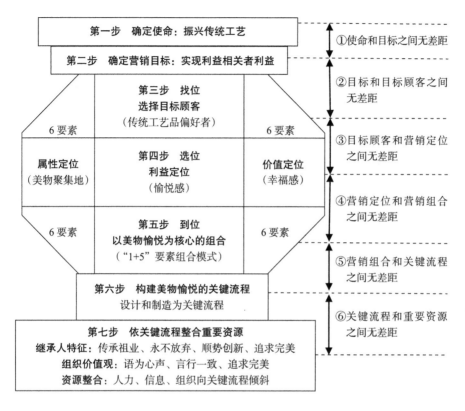

图 4-39 "SUNCHI"品牌的营销模式

中川政七商店长青营销模式复制阶段大事记（2010～2020年）

- 2010 年　发布"中川政七商店"品牌，公司迁址。

  中川政七商店启动咨询服务项目，中川淳提出"产地最亮的一颗星"计划，希望 10 年为 20 个工艺职人进行品牌企划，设计和分销产品。

  出版《品牌的创立法》图书。
- 2011 年　将公司举办的展销会更名为"大日本市"。

创建了"2&9"袜子品牌。

4月至9月，开始分别为庖丁工房、BAGWORKS、Carpet Room、mino等品牌提供咨询服务。

9月，结束2009年开始的为MARUHIRO公司提供的咨询服务，使其年销售额从8500万日元（2010年7月期）提高到3亿日元（2016年7月期）。

- 2012年　4月至10月，为美纱和公司提供创新零售业态、开发店铺的咨询服务。

8月29日，"大日本市"在伊势丹新宿店五楼开幕，这是实现使命"振兴传统工艺"迈出的一大步。

9月至2013年11月，为堀内果实园公司提供创建新品牌的咨询服务。

出版《令老铺重生的十三代社长告诉你：小公司的生存之道》《品牌的塑造法》等书籍。

- 2013年　"中川政七商店"东京总店在表参道开业。

举办日本工艺博览会，推出"日本市"品牌。

"仲间见世"1号店在太宰府开业。

创建了"motta"手帕品牌。

1月至10月，为漆琳堂公司提供创建新品牌和拓展销路的咨询服务。

8月至2016年8月，为KAJIRENE公司提供创建新品牌和开发店铺的咨询服务。

- 2014年　1月，参加东京电视台商务节目《坎布里亚宫》，介绍中川政七商店的业务，吸引了诸多合作伙伴。

4月至2015年9月，为山之鲸舍创建新品和拓展销路的咨询服务。

9月至2016年2月，为薰玉堂提供重建品牌和拓展销路的咨询服务。

发布"布巾屋政七"品牌，为中川政七商店布巾品专卖店。

按品牌分为三个业务单元（"游中川""粋更"和"中川政七"），三个品牌经理分别作为部门领导。

- 2015 年　荣获迈克尔·波特奖（Michael Porter Prize），这是表彰那些凭借独特的战略保持较高收益企业的奖项。

东京事务所（分公司）成立。

4 月，开始实施类似分公司制，各个业务单元独立核算，独立管理自身的销售费用，这些业务单元向商品设计、生产管理、批发、零售、宣传等部门派单，不满意可以向公司外派单。

- 2016 年　企业成立三百周年，在日本 5 个城市举办"大日本市"博览会。

加盟汉诺基协会（Les Hénokiens，成立于 1981 年，总部位于巴黎，成员为具有二百年以上家族经营史的传统企业）。

11 月，中川淳承袭家族第十三代中川政七名号，之后更名为中川政七。

秋季创办"SUNCHI"（意为本地，主要是打造产地的一个新形象）网络平台，讲述全国工艺和产地的魅力，与旅游和食宿结合起来。

中川淳出版《经营与设计的幸福关系》一书，介绍品牌建设的经验。

商品策划和零售也划归业务单元管理。

创建"花园树斋"园艺品牌。

- 2017 年　成立日本工艺产地协会平台，以促进日本传统工艺产地的存续和发展，这被中川淳称为第三记"致命传球"。

中川淳出版《工艺制胜：三百年老店的绝地反弹之道》一书。

"中川政七商店""游中川"和"日本市"三个品牌共有 46 家店铺。

提出中川政七商店的业务概要，通过"产业革命＋产业旅游"的措施，实现 100 年后成为"工艺大国"的目标。

春天，中川政七商店在 GINZA SIX（银座最大的复合型商业设施）的店铺开业。

3月，成立名为"SUNCHI商店街"的网上购物中心，之前建立的中川政七商店网店为精品买手网店。

- 2018年　春天，中川政七商店（公司）创立了发扬日本茶道文化之美的新品牌"茶论"，首家店铺设立在奈良元林院的公园原址，现在为"游中川"奈良町总店内。

3月，中川淳卸任社长职务，千石彩接任，她是中川政七商店第一位外姓社长。

5月，中川淳首次来到中国，在苏州诚品（2018年5月11日至7月1日）和上海衡山・和集（2018年5月19日至6月5日）进行主题展销（快闪店）。

9月25日，第2家茶论店铺在东京日本桥高岛屋购物中心开业。

- 2019年　9月20日，中川政七商店在大阪大丸百货心斋桥店总店开设新店，该店内设有"茶论"店铺，为该品牌第3家店铺。

- 2020年　4月初，中川政七商店和日本文艺书店茑屋书店联名打造了全新的"奈良茑屋书店 + 中川政七商店"，以"书籍 + 杂货 + 咖啡"集合体的形式，再次吸引了大家的目光。

夏季，第4家"茶论"店铺在横滨 NEWoMan 百货商店开业。

8月初，中川政七商店在东京JR东日本的站内商场"Gransta东京"创建品牌旗下首家服饰专门店，名为"中川政七商店 分店 服"。

中川政七商店第一家复合型商业综合体在奈良落成。

第 5 章

结　　论

通过对中川政七商店三百多年发展历史的研究,我们有了三个有趣的发现,一是中川政七商店长寿的营销模式及形成机理,二是中川政七商店长青的营销模式及形成机理,三是中川政七商店长青营销模式的复制路径。这些发现对于企业长寿、从长寿到长青,以及持续"长寿而健康"地发展具有参考价值。

中川政七商店长寿的营销模式及形成机理

"长寿",是指较长时期的存在,百年或者数百年,甚至超过千年。对于一家公司或一个品牌来说,活过百年、几百年和过千年,这是一件非常困难的事情,因为一个人的寿命鲜有活到百岁，企业卓越领导人的黄金期大约为30年，因此在一般情况下，一家百年老店至少经历过三代领导人，在中川政七商店285年（1716～2001年）的历史中，就经历了12代领导人。每一代继任者都是独立的个体，也是个性、性格、阅历不同的人，几代人延续同一家企业或品牌过百年，自然是件不容易的事情，中川政七商店在1716～2001年一直长存了285年，缘于其自觉不自觉地创建并坚持了一种营销模式，我们称其为"长寿的营销模式"。当然，这是我们研究的结论，并非中川政七商店有意识的行为。

1. 中川政七商店长寿的营销模式

我们按营销定位瓶模型的七个维度，可以归纳出中川政七商店长寿的营销模式（见图5-1）。①使命：传承家族事业；②营销目标：长久生存；③目标顾客：对好物有需求的群体或个人；④营销定位：好物——出色的产品（仅有单一的属性定位点，没有品牌战略）；⑤营销组合模式：以"好物——出色的产品"为核心的营销组合模式（"1+5"模式，产品出色，服务、价格、店址、店铺环境和传播不低于行业平均水平或达到顾客可接受水平）；⑥关键流程：保证"好物——出色的产品"的采购流程和制造流程；⑦资源整合：围绕采购流程和生产流程进行资源整合，其中组织资源主要是企业文化资源，涉及继承人特征（传承祖业、永不放弃、顺势创新和追求完美）和组织的价值观（语为心声、言行一致和追求完美）。这个模式运行的结果，弥合了图5-1右侧的六大差距，最终实现了企业或品牌长存的目标。

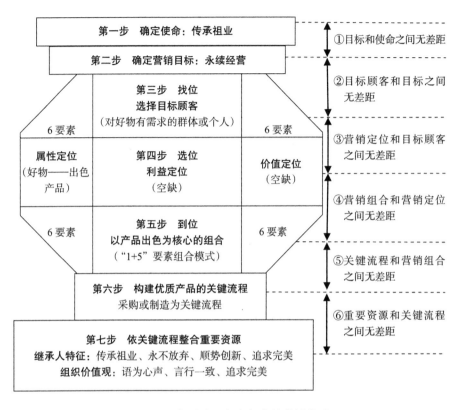

图 5-1 中川政七商店长寿的营销模式

2. 中川政七商店长寿营销模式形成的内在机理

中川政七商店长寿的营销模式主要是由创始人和继承人驱动，然后按着逻辑营销的逻辑，循环往复地进行完善的结果。①创始人和继承人特征：具有传承事业、永不放弃、顺势创新、追求完美的特质；②家族企业的使命：创始人和继承人的特质导致他们秉持"继承祖业"的使命；③营销目标：家族使命要求创始人和继承人选择"永续经营"的目标；④目标顾客：永续经营的目标和竞争环境决定他们选择广泛的顾客群，并通过好物吸引获得顾客；⑤营销定位：依目标顾客关注产品质量这一点，仅选择了"好物——出色产品"这一个属性定位点；⑥营销组合模式：依"好物——出色产品"的属性定位点，形成了以"好物——出色产品"为核心的营销组合模式；⑦关键流程：依"好物——出色产品"为核心的营销组合模式，构建采购和制造的关键流程；⑧资源整合：依突出定位点的关键流程整合重要资源，组织形成"语为心声、言行一致和追求完美"的文化。

3. 普适性讨论

中川政七商店长寿的营销模式，具有一定的普适性。这意味着如果一家公司的目标是长久生存、永续经营，采用图5-1的长寿营销模式就可以达成目标。这个模式的核心，就是仅有产品属性一个定位点，没有利益和价值定位点，即保证产品出色并稳定，达到"好物"的程度，其他营销组合要素不低于行业平均水平或者达到顾客可接受水平。现实生活中，总会有一些顾客持续地关注产品本身的材料、工艺、形态、包装及质量、功能、形象等，而对其他营销组合要素不是非常关注，因此公司持续、稳定地提供高质量的产品，就等于持续地给这部分顾客以充分的选择、购买和偏爱的理由，自然就会长久地生存下去。

产品长期稳定地达到出色（好物）的水平，会引发大众持续地关注，持续性地进行正向口碑传播，进而出现"花香蝶自来"的态势，目标顾客会自然而然地出现并且聚集起来，此时公司没有事先进行具体的目标顾客选择，也不会对营销效果影响很大。其前提是：总会有相当多的顾客关注产品质量，而对于其他营销组合要素不是非常关注。

那么，如何使产品长期稳定地达到出色（好物）的水平呢？从中川政七商店的经验来看，就是使顾客的日常生活用品变得好用、耐用和耐看，其中一个非常重要的路径就是采购好物，这些好物来自匠人们的工匠式制造。

纵观中国一些消失的老字号，或者今天仍然面临困境的老字号，大多是由于产品本身并没有达到优于竞争对手的程度或水平，也没有达到"好物"的标准，在产品材料、工艺、款式、包装以及质量、功能、形象方面出现了问题，甚至连基本的卫生、安全和健康标准都无法达到，更谈不上有用性、耐用性和美观性了。因此，要使中国老字号"长寿"，就必须实施长寿的营销模式，持续地保证产品出色，达到好物的标准，而其他营销组合要素不低于行业平均水平或是达到顾客接受水平就可以了。当然达成这样的结果，必须按着长寿营销模式的每一个步骤行进，并消除营销的六大差距，没有任何捷径和投机机会，不能有侥幸心理。那些"口是心非、言行不一和得过且过"的公司或品牌，或许有短期的"辉煌"，但都难以长存。

中川政七商店长青的营销模式及形成机理

"长青",是指较长时期的健康存在,我们称之为"寿而康"。一家公司实施长寿的营销模式并不一定保证长青,长青有着自己的营销模式。中川政七商店之所以在2002～2009年开始走上长青之路,就在于逐渐创建了一个长青的营销模式。当然,这是我们研究的结论,并非中川政七商店自己提出的概念和模式。

1. 中川政七商店长青的营销模式

通过"粹更"产品品牌和"游中川"零售店铺品牌营销模式的探索,中川政七商店最终形成了长青的营销模式(见图5-2)。①使命:振兴传统工艺;②营销目标:实现利益相关者利益;③目标顾客:偏好传统工艺美物的群体;④营销定位:属性定位点为传统工艺美物,利益定位点为愉悦感,价值定位点为幸福感;⑤营销组合模式:以传统工艺美物(品牌)为核心的营销组合模式("1+5"模式,产品为工艺美物,服务、价格、店址、店铺环境和传播等不低于行业平均水平或达到顾客可接受水平,同时为顾客的愉悦和幸福感做出贡献);⑥关键流程:为保证产品为工艺美物的设计流程和愉悦感的零售流程;⑦资源整合:围绕着设计和零售流程进行资源整合,其中组织资源主要是企业文化资源,涉及继承人特征(传承祖业、永不放弃、顺势创新和追求完美)和组织的价值观(语为心声、言行一致和追求完美)。这个模式运行的结果,弥合了图5-2右侧的六大差距,最终实现了企业或品牌长青的目标。

第5章 结 论

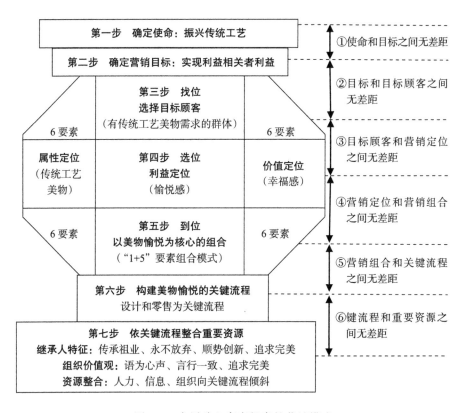

图 5-2 中川政七商店长青的营销模式

2. 中川政七商店长青营销模式形成的内在机理

中川政七商店长青的营销模式,主要是由继承人和领导人(中川淳)驱动的结果。①继承人和领导人(中川淳)特质:具有传承事业、永不放弃、顺势创新、追求完美的特质;②家族组织的使命:继承人和领导人(中川淳)的特质使得组织秉承"振兴传统工艺"的使命,这是已有"继承祖业"使命的延续和提升;③营销目标:"振兴传统工艺"的组织使命要求选择"实现利益相关者利益"的目标，因为传统工艺行业相互依存性强，单一品牌或企业很难独自繁荣；④目标顾客："振兴传统工艺"的使命和"实现利益相关者利益"的目标决定选择目标顾客为"有传统工艺美物需求的群体"；⑤营销定位：依目标顾客关注的"传统工艺美物"这一点，选择了属性定位点"传统工艺美物"、利益定位点"愉悦感"和价值定位点"幸福感"；⑥营销组合模式：依属性、利益和价值定位点，形成了以"传统工艺美物""愉悦"和"幸福"为核心的营销组合模式；⑦关键流程：依确定的营销组合模式，构建设计和零售的关键流程；⑧资源整合：依突出定位点的关键流程整合重要资源，其中组织形成"语为心声、言行一致和追求完美"的文化。

可见，中川政七商店长青的营销模式，与长寿的营销模式相比发生了巨大变化，从整体上看，就是从产品（商标）战略转型为品牌战略，前者更加关注产品本身，后者更加关注顾客本身，强调与顾客之间的情感联系，重视顾客的心理和精神体验。两个模式的七个基本维度也发生了较大的变化（见表5-1）。

表5-1 中川政七商店长寿和长青营销模式的比较

七个维度	长寿营销模式	长青营销模式	是否改变
使命	传承祖业	振兴传统工艺	改变
目标	永续经营	实现利益相关者利益	改变
目标顾客	未事先规划	偏好工艺美物的群体	改变
营销定位	仅有属性定位，为好物	属性定位为美物，利益定位为愉悦，价值定位为幸福	改变

(续)

七个维度	长寿营销模式	长青营销模式	是否改变
营销组合	以"好物"为核心的营销组合模式	以"美物""愉悦""幸福"为核心的营销组合模式	改变
关键流程	采购和制造流程	设计和零售流程	改变
资源整合	继承人特征：传承祖业、永不放弃、顺势创新、追求完美 组织价值观：语为心声、言行一致、追求完美 资源整合：人力、信息、组织向关键流程倾斜	继承人特征：传承祖业、永不放弃、顺势创新、追求完美 组织价值观：语为心声、言行一致、追求完美 资源整合：人力、信息、组织向关键流程倾斜	基本未变

3. 普适性讨论

中川政七商店长青的营销模式，具有一定的普适性。这意味着如果一家公司的目标是长青（健康而长寿）的发展，采用图 5-2 的长青营销模式就可以达成目标。这个模式的核心，就是实施共赢的品牌发展战略，振兴传统工艺行业。共赢的品牌发展战略的基础是打造一个个地区的工艺品牌之星，方法就是确定"美物""愉悦""幸福"的属性、利益和价值三个定位点，同时通过营销要素组合，让目标顾客感知到这些定位点是真实存在的，这需要有匹配的关键流程构建和重要资源整合。持续地做到这些，就可以避免或弥合六大营销差距，进而实现公司或品牌的长青发展目标。

纵观中国一些老字号企业长存而不能长青，其原因在于没有进化为长青的营销模式，大体属于产品（商标）营销模式，并没有将老字号转化为跟顾客建立起情感联系的品牌战略。其一个突出的表现是没有从顾客感受角度选择利益定位点和价值定位点，或者没有使这些定位点持续地让顾客感受到，特别是没有通过精心设计提供顾客偏爱的"美物"。当然，大多也没有振兴传统工艺的使命，以及实现利益相关者利益的目标，自顾自地生存和发展着，导致工艺行业越来越萎缩，不得不互相争抢越来越小的"蛋糕"，难免互相伤害，使工艺行业的产业链遭到破坏，大家的日子都不好过。

从长寿跨进长青的门槛，需要从长寿的营销模式转型为长青的营销模式，转型的主要内容是：①使命由"继承祖业"调整为"振兴传统工艺"；②目标由"永续经营"调整为"实现利益相关者利益"；③目标顾客由"仅关注好物的群体"调整为"关注美物的群体"，并有意识地进行细分和选择；④营销定位的属性定位点由"好物"上升为"美物"（精心进行艺术化设计和匠心制造），并增加利益定位点（愉悦感）和价值定位点（幸福感）；⑤营销组合模式由"依好物为核心的营销组合模式"调整为"依美物、愉悦和幸福为核心的营销组合模式"；⑥关键流程由原有的"采购和制造"流程，调整为"设计和零售"流程。

我们还可以进一步归纳出长青营销模式的一般逻辑：确定美好的使命和目标，依使命和目标选择目标顾客，依目标顾客选择属性、利益和价值定位点，依定位点进行营销要素组合，依营销要素组合构建关键流程和整合重要资源。同时，要求领导人具有"传承祖业、永不放弃、顺势创新、追求完美"的特征，组织形成"语为心声、言行一致、追求完美"的价值观。

中川政七商店长青营销模式的复制逻辑

通过前面的分析，我们发现中川政七商店在第三阶段（2010年之后）的健康发展，主要是复制了中川政七商店的长青营销模式，并且取得了成功。其原因是存在着一个复制的逻辑，这个逻辑可以通过"复制范围"和"复制方法"两个方面来说明。

1. 中川政七商店长青营销模式复制的范围

一家公司和一个品牌的健康发展，本质上都是对具有竞争优势营销模式的复制，其成功与否，一是取决于是否复制了成功的营销模式，二是取决于是否有足够大的复制范围，以及这个范围各领域之间是否存在密切的关系。中川政七商店在这两个方面都给予了肯定的答复。

一是中川政七商店将长青的营销模式复制于较大范围。这样可以拓展中川政七商店的发展空间，突破了其持续发展的"天花板"，避免出现某一行业萎缩带来的发展停滞。中川政七商店复制的范围包括产品品牌、店铺品牌和复合品牌，这些品牌有的是自有品牌，有的则是他人品牌（如提供咨询服务的对象），涉及的领域非常广泛。在产品品牌方面，涉及袜子、手帕、刀具、工作包、瓷器、园艺产品等行业。在店铺品牌方面，涉及日杂店、礼品店、快闪店（pop-up store，指短期开设的店铺，是展销会的变种）、展销会、茶馆等业态。在复合品牌方面，涉及商业综合体或者购物中心、工艺体验园等业态。同时，无论是产品品牌、店铺品牌，还是复合品牌都进行了纵向复制,例如"中川政七商店""日本市""茶论"等店铺,都开设有多家店铺。

二是中川政七商店复制的行业之间具有直接的相互促进联系。这是指进行的是相关多元化的发展和复制。其中"相关"有两个含义:第一,都是围绕着"振兴传统工艺"这一使命进行选择;第二,产品品牌、店铺品牌和复合品牌三者之间密切相关。产品品牌无一例外属于需要振兴的传统工艺行业,店铺品牌无一例外地分销和传播传统工艺产品品牌,复合品牌也基本上是传统工艺品牌的聚集地或体验园,是对传统工艺品牌的分销和传播,三者有着直接的互相促进关系(见图5-3)。

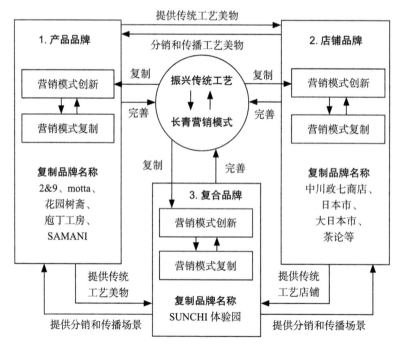

图5-3 中川政七商店长青营销模式复制逻辑图

2. 中川政七商店长青营销模式复制的方法

中川政七商店在发展过程中，递进式地复制和完善了长青的营销模式，采取了标准化复制和创新性复制相结合的方法，形成了"创新营销模式—复制营销模式—创新营销模式—复制营销模式"循环往复的创新性复制过程（见图5-3）。

第一，将长青的营销模式复制到诸多产品品牌，在复制过程中进行部分创新，使得产品品牌的营销模式得以完善，进一步补充或完善长青营销模式类型，形成各种类型的产品品牌的长青营销模式。在复制过程中，一是完全（或曰标准化地）复制了长青营销模式的基本逻辑，二是完全（或曰标准化地）复制了使命（振兴传统工艺）、营销目标（实现利益相关者利益）、价值定位（幸福感）、营销组合模式（产品为美物，其他不低于行业平均水平或达到顾客可接受水平）、关键流程（产品设计和零售）和重要资源整合。三是部分（个性化地）复制目标顾客（部分交叉）、属性定位（都是"美物"，但具体商品类别不同）和利益定位（好物带来的舒适感，或是美物带来的愉悦感或其他等）。

第二，将长青的营销模式复制到诸多店铺品牌，在复制过程中进行部分创新，使得店铺品牌的营销模式得以完善，进一步补充或完善长青营销模式类型，形成各种类型的店铺品牌的长青营销模式。在复制过程中，一是完全（或曰标准化地）复制了长青营销模式的基本逻辑，二是完全（或曰标准化地）复制了使命（振兴传统工艺)、营销目标(实现利益相关者利益)、价值定位(幸福感)、营销组合模式(产品为美物,其他不低于行业平均水平或达到顾客可接受水平)、关键流程(产品设计和零售)和重要资源整合。三是部分(个性化地)复制属性定位(都是"美物",但具体商品类别不同)和利益定位(好物或美物带来的舒适感或愉悦感,或其他等,有不同类型)。

第三,将长青的营销模式复制到诸多复合商业形态,诸如购物中心和工艺体验园等。在复制过程中进行部分创新,使得复合品牌的营销模式得以完善,进一步补充或完善长青营销模式类型,形成购物中心或工艺体验园的长青营销模式。在复制过程中,一是完全(或曰标准化地)复制了长青营销模式的基本逻辑,二是完全(或曰标准化地)复制了使命(振兴传统工艺)、营销目标(实现利益相关者利益)、价值定位(幸福感)、营销组合模式(产品或项目出色,其他达到顾客可接受水平)、关键流程(产品或项目设计和零售)和重要资源整合。三是部分(个性化地)复制属性定位(都是"美的事物",但具体商品类别不同)和利益定位(美的事物带来的舒适感或愉悦感,或其他等,有不同类型)。

3. 普适性讨论

中川政七商店长青营销模式的复制逻辑,具有一定的普适性。具体可以归纳为复制内容、复制对象、复制方法、复制空间四个方面。

第一，复制内容。企业的理想状态是持续发展，经营规模不断扩大，而做到这一点需要打造竞争优势，并且通过对竞争优势进行复制来扩大企业规模。如果没有竞争优势，却持续地扩大规模，就会出现复制劣势的状况，即使规模发展到很大，也不太容易形成竞争优势，如此，规模越大，风险越大。类似的例子有共享单车、平台电商、长租公寓、线上咖啡店等行业的公司。中川政七商店成功复制的一个重要原因，是通过近10年的时间，打造出一个长青的营销模式，该模式是形成"美物—舒适或愉悦—幸福感"竞争优势（也是顾客选择的理由）的源泉，然后通过对这个模式进行相关多元化复制，实现健康发展。因此，企业或品牌的健康发展，需要坚持对竞争优势的复制，也就是对长青营销模式的复制。

第二，复制对象。这是企业选择多元化发展的范围或边界的问题。是多元化发展，还是专业化发展，一直是企业发展战略讨论中存在争议的问题。中川政七商店给我们带来的重要启示是：适当多元化发展，但是多元化的各个单元之间必须形成密切的互相促进的关系，同时都围绕着公司使命这一核心。由前可知，中川政七商店从批发领域延伸至零售领域，再延伸到产品设计和制作领域，再进一步延伸至旅游体验园，都是传统工艺产业的纵向一体化的拓展，各领域相关性和依存度非常高，同时都是围绕着"振兴传统工艺"使命进行选择和规划的，而且通过合作方式和虚拟经营模式进行延伸，推动合作伙伴健康成长，分享他们成长带来的红利。因此，企业或品牌的健康发展，需要进行适度多元化扩展，但是扩展的方向是密切相关的多元化，通过与上游伙伴合作的方式，不断完善产业链条的关键环节，同时助力行业发展，所有行为都为实现公司使命做出直接贡献。

第三，复制方法。在国际化营销理论当中，一直存在着"是标准化营销，还是本地化营销"的争论。标准化营销，就是完全按照一个统一的营销模式进行各个领域和各个地区的复制，其优点是提高效率，节省成本，缺点是有可能不适合所进入领域和地区的实际情况。本土化营销，就是忽略已有的营销模式，完全根据所进入领域和地区的实际情况，重新设计营销模式，其优点是适合所进入领域和地区的实际情况，缺点是效率低，花费成本较大。中川政七商店给我们的启示是：以标准化为主，本土化为辅。中川政七商店在复制过程中，完全遵循了长青营销模式的基本逻辑，使命、目标、价值定位、营销组合模式、关键流程和重要资源等基本没有变化，只是属性定位和利益定位根据行业不同有较小的调整和变化。这是由于长青营销模式相对完善，复制模式越完善，复制的标准化程度就越高，反之则低。因此，企业或品牌的健康发展，需要形成一个比较完善的营销模式，然后遵循这个模式的基本逻辑，进行基本标准化的复制，在具体内容上进行适度本土化调整。

第四，复制空间。这是一个向什么地区发展的选择问题，是区域化发展，还是全国化发展，还是全球化发展。中川政七商店的自有零售店铺主要分布在诞生地奈良和京都，以及大都市东京、大阪、横滨等地，这是为了打造传统工艺品牌的分销力和传播力。合作的制造商品牌和零售商品牌主要分布在传统工艺产品的产地，形成产地或者地区品牌，这是为了打造传统工艺的集群及地区品牌，比如奈良晒、长崎波佐见烧、丰冈包、三条刀等。因此，传统工艺企业或品牌的健康发展，需要将自己所在的地区打造成某品类的地区性品牌，方法是通过复制长青的营销模式，发展这一门类并由不同公司所有的诸多品牌，导致集群品牌的形成，换句话说，一个强势的传统工艺产地品牌，是由诸多具有竞争优势的顶级的集群品牌支撑的。例如，法国中部小镇干邑（Cognac）盛产白兰地，小镇名称"干邑"之所以成为顶级白兰地酒的代名词，是由于这个小镇聚集着诸多世界顶级的白兰地酒的品牌，诸如人头马、马爹利、轩尼诗、拿破仑、卡慕、路易老爷等。法国北部小镇香槟（Champagne）盛产葡萄汽酒，小镇名称"香槟"之所以成为顶级葡萄汽酒的代名词，是由于这个小镇聚集着诸多世界顶级的葡萄汽酒的品牌，诸如凯歌、酩悦、唐培里侬、巴黎之花、罗兰百悦、库克等。传统工艺产地品牌的形成，会使各个集群品牌的成员因为产地品牌的超强集客力而受益。

这四个普适性对中国老字号企业的复兴有着重要的参考意义。诸多老字号企业面临困境的原因在于：或是在发展过程中没有可以复制的、形成竞争优势的营销模式，或是没有在足够大的、恰当的领域复制已经形成的营销模式，或是没有进行标准化为主和本土化为辅的复制，或是仅仅考虑自己的利润最大化而没有为自己所处的产地集群品牌的形成做出贡献等。

总之，中国老字号企业的健康发展，在于①将商标（名称、标志注册而已）进化为品牌（在顾客心目中留有形象印记），②发展成为具有竞争优势的品牌，③形成长青的营销模式，④将长青的营销模式复制到相关且相当的产品和服务领域（注意不是复制商标，也不仅仅是复制品牌名称和标志），⑤构建出一个一个的产地特色品牌，⑥最终实现中国老字号企业的复兴。我们期待这一天能够早日到来。

后 记

近些年来，我觉得自己不知道的东西越来越多，进而不敢贸然讲话和轻易给别人提建议，也很少参加各类沙龙及研讨会，更不敢接受什么专家的称谓，以免造成"专家，专家，专害人家"的恶果。2019年发生的一件事，强化了我的这一认知。这件事是我知道中川政七商店太晚了，而它已经存在300多年了。

我在偶然翻阅一本书的时候，看到了日本中川政七商店的介绍，它已经存活了300多年的时间，可算是一位"长寿老人"。令人更加惊奇的是，进入21世纪之后，它逐渐焕发出了新的生机，完成了从长寿到长青的惊险跨越，破解了诸多老字号企业持续发展的难题。在全球诸多老字号企业面临困境的今天，这一案例着实令人着迷，非常值得进行系统性的案例研究。随后，我开始收集资料，发现两年前就开始有了相关的文献。忽略网络文献，仅就中文书籍而言，就有中川政七第十三代继承人中川淳（2016年底之后更名为中川政七）著述的《中川政七再生老店记》（2017年）、《经营与设计的幸福关系》（2018年）、《中川政七商店的品牌打造术》（2018年）、《工艺制胜：三百年老店的绝地反弹之道》（2019年），以及中川淳母亲中川御世子著述的《三百年老店：日常生活的经营智慧》（2019年），中川政七商店编著的《日本风俗小物：百年老铺传承的生活智慧》（2019年）等。其实，零散的文章介绍很早就有了。2018年5月苏州诚品书店曾经举办中川政七商店商品展，5月26日中川淳先生亲临现场，进行了题为"品牌再造与地域活化——300年老店历久弥新之道"的讲座，讲述了中川政七商店的创新精神，希望传递出让家常生活被精致与温暖包围的幸福哲学。

近两年来，我曾经游览中川政七商店的总部所在地奈良，以及中川政七商店设有店铺的京都和大阪等城市，但是我没有关注到中川政七商店的情况，着实令人遗憾。假如我早一点关注中川政七商店，2018年5月我就会从北京飞往苏州参观它的商品展，倾听中川淳先生的讲座，也会在近两年去京都、奈良和大阪的时候，详细考察中川政七商店的店铺。

遗憾的是，2019年我才发现中川政七商店。不过，幸运的是，我终于发现了它，了解了它，研究了它，从中得到意外的喜悦和收获。尽管我的研究是肤浅的、简单的、片面的，但对于我来说，这是一个无比享受的过程，学者的最高境界就是探索未知，通过这一过程实现"完善自我"的人生目标，从而有可能让世界变得更加美好一点。或许，这就是活着的价值和意义吧！

清华大学文化经济研究院

  清华大学文化经济研究院依托清华大学经济管理学院,并联合清华大学美术学院、新闻与传播学院、艺术博物馆共建跨学科研究院,2017年8月经清华大学校务会议批准设立。2021年,研究院获批成为文化和旅游部文化和旅游研究基地,为新时代文化和旅游发展贡献智慧力量。

  研究院以"经济赋能文化,文化促进经济"为研究定位,旨在服务于"坚定文化自信,建设社会主义文化强国"和"提高国家文化软实力"的战略构想,以及满足"人民群众对美好生活的向往",致力于成为中国文化经济领域优秀智库。研究院发挥清华大学多学科学术及研究的资源优势,整合科研机构、政府部门、产业界与企业界的相关资源,推进学术研究(学界)、政策制定(政府)、产业发展(企业、文化界)良性互动与合作,建设文化经济健康生态。最终,为推动中国文化事业和文化产业大发展、大繁荣,推动文化与经济有机融合和共生发展,以及推动中国经济整体升级搭建平台、贡献力量。

扫码关注清华大学文化经济研究院公众号